デジタル化で
どうなる暮らし
と地方自治

白藤博行・自治体問題研究所 編

自治体研究社

はしがき

　新型コロナウイルス感染症に対する日本政府の愚策・無策が、国民の人間の尊厳と生きる権利を危機に晒している。パンデミックと宣言された「緊急事態」において、誰が、どのような決断を、どのようなタイミングで行うのかは、私たちの生死にかかる重大事であるが、現在、日本国憲法が最高機関であり唯一の立法機関と定める国会は、閉じられたままである。行政権の長である内閣総理大臣は、雲隠れとまではいわないが、その声はまったく国民に届かない状態が続いている。そこで、経団連などは、にわかに「緊急事態における司令塔機能強化」を唱えたり、ここぞとばかりに「社会全体におけるデジタル化」の加速を叫んだりしている。問題の核心はほんとうにそこにあるのか、冷静に考えてみなければならない。

　たしかに今回のコロナ緊急事態で、オンライン教育、テレワーク、ウェブ会議など、社会全般のデジタル化が急速に進んだ。そして、"With Corona" の掛け声よろしく、Society 5.0、デジタル化関係法令の整備、規制改革の推進など、デジタル国家・社会の構築のためのさまざまな政策が一気に具体化されている。しかし、私たちは、パンデミックのような「緊急事態」、言い換えれば、ドイツの憲法学者であるカール・シュミットが述べたところの「例外状態」における対応を、そんなに簡単に「常態化」してしまっていいのか。コロナ禍の経験後でも、コロナ禍前の状態に戻ればいいという話ではない。コロナ禍から何を学ぶかということが大切である。その意味では、コロナ後の「新しい生活様式」を論じることは重要であるが、私たちの希望はデジタル国家・社会なのか、冷静に考えてみなければならない。

　本書は、この間国の重要な政策課題とされてきた行政のデジタル化・

情報化が、自治体行政や住民のいのちと暮らしにどのような影響を与え、どのような問題をもたらすのかについて検討するものである。

第Ⅰ部「行政デジタル化の論点」では、いわゆる「e-Japan戦略」から始まる国のデジタル化政策の経緯を振り返り、その問題点を考える。特に、最大の法律問題となる個人情報保護問題について丁寧に検討する。

第Ⅱ部「自治体情報化・クラウド化の現場」では、自治体現場で働く人々によって個別具体的な行政デジタル化問題が検討される。この間の国のデジタル化推進政策は、「デジタル行政推進法」に収斂されている。自治体には行政デジタル化と自治体クラウドの導入を促し、住民にはマイナンバーカードを取得・電子申請などを迫っている。そして、自治体間のデジタルネットワーク化の推進のため、住民基本台帳業務や税務など、「基幹系システム」の標準化・共有化・統一化が喫緊の課題とされている。そのため政府は、デジタルガバメント実行計画の改定作業を急いでいる。地方行政デジタル化が地方自治と住民のいのちと暮らしに与える影響は計り知れないものになる。地域を越えた連携（全国レベルでの標準化・共同化など）、組織を超えた連携（データの官民共同利用など）が現実化して、国が「デジタル主権」を独占することにでもなれば、地方は国のデジタル端末になる危険が大きい。

憲法が保障する民主主義や地方自治の実現に王道はない。地方自治への回り道かもしれないが、住民は「良き生活」を、自治体職員は「良き労働」を、そして自治体は「良き自治」を、それぞれが、それぞれの立場で、それぞれの目的に向かってひたすら努力するしかない。そこから生まれる自治的連帯だけがネットワーク自治と呼べるものである。本書が、その第一歩を踏み出す契機になれば幸いである。

2020年8月　　　　　　　　　執筆者を代表して　白藤博行

『デジタル化でどうなる暮らしと地方自治』 目次

第 I 部

行政デジタル化の論点

1　Democracy 5.0 と「地方自治＋α」
―国家と社会のデジタル化時代における「新しい自治様式」の探究―

白藤博行

はじめに―みんなコロナのせいですか？

　新型コロナウイルス（COVID-19）に起因するパンデミックは、政治・経済・社会における全般的グローバル化やグローバル独占資本による過剰な地球開発主義に対する警告を鳴らすものに違いない。この意味で、私たちはいま、これまで経験したことのないグローバル問題（globale Problematik）に直面し、その対応を迫られている。

　しかし、日本政府は、パンデミックのような、いわば「例外状態」において、いかにも非法治国的・非体系的な場当たり的対応に終始しており、とても確固たる決断をもって国民のいのちと暮らしを守る政策を追求しているようにはみえない。政府は、たしかに「公衆衛生の向上及び増進」を目的とする感染症法の政令改正を行い、逸早く新型コロナウイルス感染症を「指定感染症」として対処するかにみえた。しかし、これに続いて、「新型インフルエンザ等の発生時において国民の生命及び健康を保護し、並びに国民生活及び国民経済に及ぼす影響」の最小化を目的とする新型インフルエンザ等感染症対策措置法（以下、特措法）の附則改正をもって新型コロナウイルス感染症を適用対象としたことから、この特措法に基づく措置が感染症法に基づく措置に優先適用されることとなったようにみえる。このことは、新型コロナ対策担当大臣を、厚生労働大臣ではなく、経済再生担当大臣が兼務していることからも一目瞭然である。この結果、感染症法の「公衆衛生の向上及び増進」はもとより、特措法の「国民の生命及び健康」の保護よりも、圧倒的に特措法の「国民生活及び国民経済に及ぼす影響」の

最小化が最優先課題とされる措置が講じられているようにみえる。新型コロナウイルス感染症の蔓延が懸念される最中、2020 年 7 月 22 日、「Go To トラベル」の愚策が無理やり実施されたことは、「国民のいのちを守る」ことより「経済を守る」ことを象徴する出来事であった。

　しかも、特措法に基づく措置の優先とはいっても、その首尾一貫性のない措置には目に余るものがある。そもそも緊急事態宣言の発令に手間取り、「自粛」の「要請」や「指示」にかかる休業補償等をめぐっても、自治体との調整は難航した。さらに、緊急事態宣言解除後はどうかといえば、国においても自治体においても、形式的には特措法に基づく措置とはいっても、専ら「政府対策本部」が定める「基本的対処方針」を根拠とする措置がとられるだけであり、その多くは法的根拠のない無権限行政か、法的拘束力のない「お願い（要請）」行政に終始するものである。「特別定額給付金」「持続化給付金」「家賃支援給付金」等の金銭支給、「新型コロナウイルス感染症緊急包括支援事業」なども、各省の実施要綱に基づき、担当部局が「事務連絡」を行うだけで、実施主体とされた都道府県・市町村によって実施されている。典型的な「要綱行政」である。このような国の補助事業の予算執行を目的とする要綱行政において、「地方分権改革」の理念が顧みられるはずもなく、いかにも官邸の「意向」表明の道具と化した閣議決定だけが尊重される状態が続いている。おりしも国会は、2020 年 6 月 17 日の通常国会の閉会後、野党の臨時国会の早期開催要求（憲法 53 条）にもかかわらず、いまだに（8 月現在）閉じられたままである。新型コロナウイルス感染症対策が緊急に必要とされる「例外状態」において、その決断主体たるべき国会に機能を果たさせない非法治国的・非法治主義的な最悪事態が続いている。

　このような異常事態にもかかわらず、一貫して進められている政策が国家と社会のデジタル化政策である。本稿では、第Ⅱ部において個

別具体的に分析・検討される自治体「行政のデジタル化」問題にかか
わって、まずは、わが国の IT 戦略・戦術あるいは国家・自治体のデ
ジタル化政策がどのように展開されてきたのか、そこにはどのような
法的問題があるのかについて整理・検討し、できれば国家と社会のデ
ジタル化時代における「新しい自治様式」を探究する出発点としたい。

1　急加速するデジタル化政策

【新型コロナ感染症教訓型のデジタル化加速宣言】

　安倍首相は、2020 年 7 月 15 日の IT 総合戦略本部（正式名称は、「高
度情報通信ネットワーク社会推進戦略本部」[1]）において、自らの新型コロ
ナウイルス感染症対策にかかる失敗を糊塗するかのように、ことさら
「国民本位でのデジタル化」の立ち遅れに言及し、新型コロナを踏まえ
た「新たな生活様式」や I T 環境の変化に対応するために「デジタル
強靭化」を強力に推進することなど、新型コロナ感染症教訓型のデジ
タル化加速宣言ともいえる方針を明らかにした[2]。国と地方の IT シス
テムを 1 年以内に集中整備するとして言明し、実際、同 7 月 17 日には、
「IT 新戦略」として「世界最先端デジタル国家創造宣言・官民データ
活用推進基本計画」[3]が閣議決定されている。本格的・抜本的な社会全
体のデジタル化のために、①直近の取組としての新型コロナウイルス
感染症の感染拡大の阻止に向けた IT の活用と、②デジタル強靭化に
よる社会構造の変革・社会全体の行動変容の両面を進めるために、直
近ですぐに進めるべき施策と、中長期的な取組の双方が求められると

1　もとは「IT 戦略本部」と呼ばれていたが、経済財政諮問会議、産業競争力会議、規制改革会議などと
　も連携して、総合的に取りまとめをはかる「司令塔」としての役割を期待され、「IT 総合戦略本部」と呼
　称されるところとなったという。
2　https://www.sankei.com/politics/news/200715/plt2007150011-n1.htm
3　これは、官民データ活用推進基本法（2016 年法律第 103 号）第 8 条第 7 項の規定に基づき、世界最先
　端デジタル国家創造宣言・官民データ活用推進基本計画（2019 年 6 月 14 日閣議決定）の全部を変更した
　ものである。https://www.kantei.go.jp/jp/singi/it2/kettei/pdf/20200717/siryou1.pdf

して、あれこれ IT・デジタル化施策を並べている[4]。

【e-Japan 戦略からのデジタル化政策の経緯】

わが国のデジタル化政策の始まりは、高度情報通信ネットワーク社会形成基本法（2000 年法律第 144 号）の制定である。これに基づき設置された「高度情報通信ネットワーク社会推進戦略本部」（略称は、「IT戦略本部」）によって「e-Japan 戦略」（2001 年 1 月 22 日）が宣言されたことに始まる[5]。それでも「世界最高水準の IT 利活用社会の実現に向けて」の基本方針は「世界最先端 IT 国家創造宣言」（2013 年 6 月 14 日閣議決定）で固まったに過ぎず、IT 総合戦略本部のもとにデジタル・ガバメント閣僚会議が設置され（2014 年 6 月 24 日）、ようやく国、地方公共団体および民間部門まで含めた社会全体のデジタル化が本格的に進められることになった。その後、「デジタル・ガバメント実行計画」（2019 年 12 月 20 日閣議決定[6]）が、2019 年 12 月 20 日から 2025 年 3 月31 日までを計画対象期間として、紙ではなくデジタルを前提とした次の時代の新たな社会基盤を構築するという「Digitalization（デジタライゼーション）」の観点を前面に打ち出し、行政手続に関する「デジタル 3 原則（①デジタルファースト、②ワンスオンリーおよび③コネクテッド）に基づく行政手続のオンライン化や添付書類の省略等の取り組みなど、推進を予定するほぼすべての「Digitalization（デジタライゼーション）」の施策が網羅されるに至った。

高度情報通信ネットワーク社会の形成に関する政府の戦略等の推進管理等を行うために設置された「新戦略推進専門調査会」（高度情報通信ネットワーク社会推進戦略本部令（2000 年政令第 555 号）第 2 条）のもとに置かれている「デジタル・ガバメント分科会」の参考資料「IT 戦略とデジタル・ガバメント実行計画等の関係性」（2020 年 7 月 27 日）に

4　https://www.kantei.go.jp/jp/singi/it2/kettei/pdf/20200715/siryou8.pdf

5　https://www.kantei.go.jp/jp/it/network/dai1/1siryou05_2.html

6　https://www.kantei.go.jp/jp/singi/it2/kettei/pdf/20191220/siryou.pdf

よれば、国・地方公共団体・民間を通じたデジタル化の推進を図る「デジタル・ガバメント実行計画」と、国民が安全で安心して暮らせ、豊かさを実感できる強靭なデジタル社会の実現を図る「世界最先端デジタル国家創造宣言・官民データ活用推進基本計画」とは、国や地方のシステムの統一的な整備にかかる「国・地方デジタル基盤統合指針」を年内に策定するなどして融合され、2020年内に「デジタル・ガバメント実行計画」を改定することが予定されているようである。安倍首相の1年以内の集中整備の言明を裏付けるものであろう。

【骨太方針2020の「デジタル・ガバメント」政策・DX】

最近、その役割を終えたとさえいわれる「骨太方針」であるが、「骨太方針2020」（2020年7月17日閣議決定）では、「コロナ拡大後の『新たな日常』を支える」とする骨太方針の骨子（①デジタル化への投資や環境づくり、②秩序のゆらぐ世界でも活力を高める、③人への投資、生産性向上、④誰も取り残されない社会、および⑤地域社会の実現、安全・安心）の筆頭に、「デジタル化」の課題が掲げられ最重要課題とされた。新型コロナ感染症対策の実施過程で生じた受給申請手続や支給作業の遅れや混乱の原因をひとり行政各部におけるデジタル化・オンライン化の立ち遅れに求め、さらに、「デジタル化や自動化、AI活用等の広範なデジタルトランスフォーメーション（以下、「DX」という）の加速に伴い、データ流通やデジタル経済の国際的な寡占化に対する懸念」があるところ、「国際標準や自由で公正な新たなルールづくりなどが早急に必要である中で、我が国が積極的に主導する必要がある」といった認識が示される。この認識の誤りや論理の飛躍については、別途、慎重に検証されるべきところである。

【経団連の「Society 5.0（創造社会）」とデジタル化政策・DX】

ここでは、このDXをはじめとする「骨太方針2020」のデジタル化戦略を支えるのは、日本経済団体連合会（以下、「経団連」）であるこ

とに注意したい。たとえば、経団連の提言「Digital Transformation (DX)―価値の協創で未来をひらく」(2020 年 5 月 19 日)[7]では、経団連の目指すべき未来社会像である Society 5.0 を「創造社会」、すなわち「デジタル革新(DX)と多様な人々の想像力・創造力の融合によって価値創造と課題解決を図り、自ら創造していく社会」と定義している。政府のいうところの「Society 5.0(超スマート社会)」との差別化を図りながら、しかし、国連の提唱する持続可能な開発目標(SDGs)の達成に貢献できる概念を模索していることが特徴的である。具体的には、「効率重視からの解放→価値を生み出す社会」、「個性の抑圧からの解放→誰もが多様な才能を発揮できる社会」、「格差からの解放→いつでもどこでも機会が得られる社会」、「不安からの解放→安心して暮らし挑戦できる社会」、「資源・環境制約からの解放→人と自然が共生できる社会」というように、一応、誰もが首肯できそうな「価値協創」「多種多様」「自律分散」「安心安全」「自然共生」のキーワードが並べられており、それなりの目指すべき社会像が示されている。これを確かめるように、経団連は、「経団連夏季フォーラム 2020 マニフェスト―デジタル革新(DX)で日本経済社会の再生を加速する―」(7 月 16 日)を提言し、「日本発 DX(生活者の価値実現、社会課題の解決を起点としたデジタル革新)」を推進するため、「ESG 重視が高まる投資家、大学をはじめ多様なステークホルダーとの協創を主導し、社会全体として変革を進める。更には、国家戦略として DX を推進し国際競争力強化を図る観点から、ポストコロナ時代の SDGs 達成モデルとして Society 5.0 を

7　この経団連の提言では、「X」は、「未知のもの」、「Cross(交差・掛け合わせ)」、「eX-」(Experience など)や「Trans-」(Tranformation など)の略語として用いられるとして、「デジタル(Degital)による革新(Transformation)」を Digital Transformation(DX)としている。この提言を踏まえた「座談会―DX がもたらす新しい日本社会の未来」(月刊経団連 2020 年 8 月号 6 頁以下)も参照。なかでも「価値創造型 DX」(「生活者価値」に根差した「協創」)論は、今後のデジタル化社会を考えるうえでの要考慮事項を示唆するものである。「生活者価値」概念そのものは、すでに経団連の提言「Society 5.0―ともに創造する未来」(2018 年 11 月 13 日)で定義されている。

内外に発信し、あらゆる社会課題の解決に貢献する[8]」としている[9]。実際、すでに課題解決イノベーションの投資促進に向けて、経団連、東京大学および年金積立金管理運用独立行政法人（Government Pension Investment Fund、略称「GPIF」）は、共同研究報告書「ESG 投資の進化、Society 5.0 の実現、そして SDGs の達成へ—課題解決イノベーションへの投資促進」（2020 年 3 月 26 日）を公表しており、DX アクションは始まっているようである。

　このように政府の IT 総合戦略や骨太方針等にみられるデジタル化政策には、経団連の強い影響が看て取れる。デジタル化政策の「司令塔」は経団連にあると考えて間違いない[10]。

【ドイツにおけるデジタル化政策】

　諸外国におけるデジタル化政策をみる能力も紙幅もないが、「デジタル後進国」といわれたドイツでも、2011 年に始まった "Industrie 4.0" がいまや "Industrie 5.0" に「進化」し、政府の肝いりで「デジタル国家」（Dgitaler Staat）政策が席巻するに至っているようにみえる。ただ、決して一枚岩の推進論でもなさそうであり、自治体の連合組織や自治体労働組合などが投げかける前提条件（注文）も多い。日本の自治体や自治体労働組合にとっても重要な論点を含んでいることから、代表的な団体を拾い上げ、箇条書き風に論点を挙げておきたい[11]。

8　https://www.keidanren.or.jp/policy/2020/066.html
9　SDGs は、"Sustainable Development Goals"（一般に、「持続可能な開発目標」と訳される）。ESG は、"Environment"、"Social"、"Governance" の頭文字を表象し、企業活動のプロセスに着目した概念として、将来的に SDGs に貢献するものとされている。資金調達手段のひとつとして期待されているのが「ESG 投資」である。
10　経団連は、同日の新型コロナ対策の提言においても（https://www.keidanren.or.jp/policy/2020/065_honbun.html#s3）、「緊急事態における司令塔機能強化」が不可欠であるとし、日本版の CDC（疫病予防管理センター）の設置などを政府に求めている。経団連会長は、これに関連して、「政府に任せておけない」「感染拡大の防止と経済活動の両立」につながる提言をまとめ、「事態悪化時にも耐えうる体制を整える」と述べている。日本経済新聞 2020 年 7 月 17 日夕刊。
11　デジタル化（Degitalisierung）は、最近のドイツの公法学・行政法学においても、喫緊の課題になっているようである。文献を包括的に渉猟する暇がないが、Vgl. Utz Schliesky (Hrsg.), Funktionsverluste von Staatlichkeit (Mohr Siebeck, 2018); Enrico Peuker, Verfassungswandel durch Digitalisierung (Mohr

① ドイツ都市・市町村連盟（Deutsche Städte und Gemeinde Bund）のディスカッションペーパー（2018 年 10 月 26 日）より

全生活領域における急速かつ包括的な変化を及ぼすデジタル化は、都市・ゲマインデの自治のチャンスでもある。ただ、デジタル化は、プロジェクトではなく、プロセスとしてとらえる必要がある。単なるマスタープランに終わらせず、デジタル化戦略が不可欠である。デジタル化の基礎を提供するブロードバンド基盤の可用性の検討が不可欠であり、特に地方のキャッチアップへの配慮が重要である。電子政府とデジタル行政の構築、オンライン機能を備えた行政サービスの実現のための法整備や財源保障は欠かせない。行政デジタル化による効率性の向上のためにも、「デジタルファースト」の確立、デジタルスキルを備えた人材育成、システムの脆弱性やサイバー攻撃による脅威に対する備え、個々のセクターからのデータのインテリジェントネットワーキングに基づくところの、市民とビジネスにとってはまったく新しい概念とアプリケーションがあってはじめて自治体間協働も可能となることに注意する、などである。

② ドイツ都市会議（Deutscher Städtetag）のディスカッションペーパー（2020 年 1 月）より

地方自治にとって自治体のデータは極めて重要である。自治体がど

Siebeck, 2020).　前者のシュリースキー（U. Schliesky）は、デジタル化によって国家の 3 要素の意味喪失、特に「領土」にかかる「領域」・「空間」概念の意味喪失を懸念する。この間ヨーロッパでは、EU ガバナンスやグローバル化の進展の中で、国家の「終焉」論が説かれることが多いが、デジタル化が、失われる国家機能の恢復手段ではなく、単なる国家機能喪失からの逃避手段になっていないかといった警告がなされる。ヘルマン・ヘラー（H. Heller）が、国家機能とは自律的・自立的組織および領域社会の共同（Zusammenwirken）の活用であると述べたことがあるが、デジタル化がこのような政治システムとしての国家崩壊を惹起しないかといった危惧であろうか。デジタル化は、希望なのか、それとも絶望なのか。いずれにしても、国家と社会のデジタル化は、国家喪失・自治体喪失の典型的な参照領域であることは確かとなっている。後者のボイカー（E. Peuker）の著書には、「憲法の指導理念としてのデジタル主権（Digitale Souveränität als verfassungsrechtliches Leitbild）」といった副題が付されていることからもわかるように、時には「デジタル基本権（Digitale Grundrechte）」まで論じられる状況になってきており、もはや国家の責任や正統性といった憲法論抜きにデジタル化の問題は論じられないところまで来ている。われわれ行政法研究者も、このような覚悟抜きでデジタル化の法的議論は成し得ない。学ぶべき点は多い。

のようにデータを処理するかを独自に決定する自由があるという意味
での「データ（情報）主権」は極めて重要である。デジタル化におい
ては、IT安全と情報保護、そしてサイバー犯罪への対処が欠かせな
い。政治的目標としてのオープンデータ、EU指針（PSI＋Open Data-
RL）、法律による規制、オープンデータへの自治体の備え、EUや民間
企業との関係 etc. オープンデータの規制が不可欠である。地理情報や
商品としての情報（知識ネット、自治体情報の価値、私経済との関係）も
重要である。「プラットフォームエコノミー」と政治権力との関係、賢
い情報のリンク、デジタル化・統合化・ネット化される公共サービス
は、公共サービスの変容をもたらすがゆえに重要である。AIとビッグ
データの活用をどのように考えるか。オープンな標準・規準が必要で
ある。そのための支援と調整が必要である。「デジタル主権」といった
上位概念のもとで、地方自治問題の議論が不可欠であるという意味で、
「地方自治の見直し」が重要となる。「データ主権」は、いわば「デジ
タル主権」の試金石であり、オープンデータとの付き合い方の決断が
求められ、都市の役割も問い直される。AIの適切な導入は不可欠であ
るが、人間中心の倫理原則の確立も不可欠である。

　③　統一公共サービス労働組合（Vereinte Dienstleistungsgewerkschaft）
　　のディスカッションペーパー第一草案（2019年5月21日）より

　デジタル化・AI化は確実に進むだろう。しかし、よい方向に向かう
のか、悪い方向に向かうのか。誰が得をして、誰が損するか、誰にも
分らないが、なくなる職種があることも確かである。そのような見通
しのもと、その受容にあたっては、「基準としての共同利益」・「原理
としての良き労働」・「民主主義の確立」の原則は譲れない。より具体
的には、以下のようであるが、いずれもデジタル化のデザインの目的
とされるべきは、共同の利益（Gemeinwohl）であり、民主主義であり、
良き労働である。

＊民主主義の優位性の確保―システムの自律に対する人間の尊厳と
　自己決定の優先

＊「共同の利益・公共の福祉」と「良き労働」が中心

＊自己決定が不可欠―経営にかかる共同決定・共同形成と質の強化・
　向上

＊AIの法令整備と遵守―透明性、検証可能性および非差別性の確保

＊AI導入の利益は、社会（健康、介護、教育、交通など）に充てられ
　るべき

＊公共空間の保護―顔認識と監視社会への警戒

＊報道・情報・表現の自由の堅持と多様性の強化

＊欧州共同体の規範、技術的堅牢性の拡充―賢明さの伸長と民主的
　な統制

＊国内およびグローバルな不均衡の阻止―貧困との闘い、制御可能
　性の保障

2　デジタル化政策の法制度

【官民データ活用推進基本法（2016年法律第103号）の制定】

　わが国のIT政策の出発点は高度情報通信ネットワーク社会形成基本
法（IT基本法）にあるとしても、デジタル化政策にかかる法的整備が
本格化したのは、やはり官民データ活用推進基本法の制定以降といっ
てよいだろう。[12] 同法の目的は、官民データ活用の推進に関する施策を
総合的かつ効果的に推進し、もって国民が安全で安心して暮らせる社
会および生活環境を実現することにある。また、基本理念は、IT基本

12　「官民データ」とは、「電磁的記録」（電子的方式、磁気的方式その他人の知覚によっては認識するこ
　とができない方式で作られる記録）に記録された情報（国の安全を損ない、公の秩序の維持を妨げ、又は
　公衆の安全の保護に支障を来すことになるおそれがあるものを除く）であって、国若しくは地方公共団体
　又は独立行政法人若しくはその他の事業者により、その事務又は事業の遂行に当たり管理され、利用され、
　又は提供されるものをいう（2条）。

法等による施策とあいまって、情報の円滑な流通の確保を図り、自立的で個性豊かな地域社会の形成、新事業の創出、国際競争力の強化等を図り、活力ある日本社会の実現に寄与し、官民データ活用により得られた情報を根拠とする施策の企画および立案により、効果的かつ効率的な行政の推進に資することにある（3条1項〜3項）。そして、官民データ活用の推進に当たっては、安全性及び信頼性の確保、国民の権利利益、国の安全等が害されないようにし、国民の利便性の向上に資する分野および当該分野以外の行政分野での情報通信技術の更なる活用、国民の権利利益を保護しつつ、官民データの適正な活用を図るための基盤整備を行い、多様な主体の連携を確保するため、規格の整備、互換性の確保等の基盤整備を行い、AI、IoT、クラウド等の先端技術の活用を行うことにある（3条4項〜8項）。また、政府は官民データ活用推進基本計画を策定し（8条）、都道府県は都道府県官民データ活用推進計画を策定し（9条1項）、市町村は市町村官民データ活用推進計画を策定する努力義務を負う（9条3項）。すでに述べたように、IT戦略本部のもとに、内閣総理大臣を議長とする官民データ活用推進戦略会議を設置し（20条〜23条）、議長が重点分野を指定し、関係行政機関の長に対して勧告するなどして、計画案の策定および計画に基づく施策の実施等に関する体制の整備を行い（20条〜28条）、地方公共団体には協力する（27条）。

【行政手続オンライン化法改正・デジタル行政推進法の制定】
　この官民データ活用推進基本法が、「国は、行政機関等（中略）に係る申請、届出、処分の通知その他の手続に関し、電子情報処理組織（中略）を使用する方法その他の情報通信の技術を利用する方法により行うことを原則とするよう、必要な措置を講ずるもの」（10条1項）と定めたため、いわゆる「デジタル手続法」の整備が急がれ、2019年5月24日には、「行政手続等における情報通信の技術の利用に関する法

律」（いわゆる「行政手続オンライン化法」）は、「情報通信技術を活用し
た行政の推進等に関する法律」（いわゆる「デジタル行政推進法」あるい
は「デジタル手続法」）に改名・改正された（2019 年 6 月 5 日法律第 20
号）。¹³

　このデジタル行政推進法の目的は、「国、地方公共団体、民間事業者、
国民その他の者があらゆる活動において情報通信技術の便益を享受で
きる社会が実現されるよう、情報通信技術を活用した行政の推進につ
いて、その基本原則及び情報システムの整備、情報通信技術の利用の
ための能力又は利用の機会における格差の是正その他の情報通信技術
を利用する方法により手続等を行うために必要となる事項を定めると
ともに、民間手続における情報通信技術の活用の促進に関する施策に
ついて定めることにより、手続等に係る関係者の利便性の向上、行政
運営の簡素化及び効率化並びに社会経済活動の更なる円滑化を図り、
もって国民生活の向上及び国民経済の健全な発展に寄与することを目
的とする」。

　情報通信技術を活用した行政の推進の基本原則は、「デジタルファ
ースト原則」「ワンスオンリー原則」「コネクテッド・ワンストップ原
則」（2 条 1 号～3 号）である。また、行政手続の原則オンライン化の
ために必要な事項として、なにより「行政手続における情報通信技術
の活用」が挙げられ、①行政手続における申請および申請に基づく処
分通知について原則オンライン実施とし、本人確認や手数料納付（電
子署名や電子納付等）をオンラインで実施するといった「行政手続のオ
ンライン原則」、②行政機関間の情報連携等によって入・参照可能な
情報にかかる添付書類について、添付不要とする規定整備を内容とす

13　いわゆる「デジタル手続法」の改正には、住民基本台帳法、電子署名等に係る地方公共団体情報シス
　　テムの認証業務に関する法律（公的個人認証法）および行政手続における特定の個人を識別するための番
　　号の利用等に関する法律（いわゆる番号法、マイナンバー法）等のデジタル化のための改正も同時に行わ
　　れている。

る「添付書類の撤廃」が目指される。このほか、これらを実現するための情報システム整備計画や情報システムの共用化、行政手続に関連する民間手続のワンストップ化など、民間手続における情報通信技術の活用の促進が挙げられる。

　行政手続オンライン化法からデジタル行政推進法への法改正は、個別法・個別政令の改正を伴うものであり、「デジタル国家」の構築に向けての法的基盤が整えられた感が強い。ここでは、IT 基本法と官民データ活用推進基本法をとりあげたが、このほか、特にサイバーセキュリティ基本法、個人情報の保護に関する法律、行政機関の保有する個人情報の保護に関する法律、独立行政法人等の保有する個人情報の保護に関する法律との関係が直ちに問題となろう（本書の稲葉一将「行政のデジタル化と個人情報保護」参照）。

3　地方行政のデジタル化政策と法制化
⑴　第 32 次地方制度調査会答申の「地方行政のデジタル化」論
　行政のデジタル化の典型的な参照領域は、地方行政のデジタル化である。すでに、政府の Society 5.0 と総務省の自治体戦略 2040 構想の問題については、岡田知弘・平岡和弘・白藤『「自治体戦略 2040 構想」と地方自治』（自治体研究社、2019 年）において、包括的な批判的検討を行った。そこでは、政府の「Society 5.0 構想」⇒総務省の自治体戦略 2040 構想⇒第 32 次地方制度調査会への諮問（以下、「第 32 次地制調」）が一直線に繋がる政策連携であることが明らかにされた。第 32 次地制調からは、2020 年 6 月 26 日、「2040 年頃から逆算し顕在化する諸課題に対応するために必要な地方行政体制のあり方等に関する答申」（以下、「第 32 次地制調答申」または単に「答申」）が提出された。

14　第 32 次地制調答申に至るまでの論点については、白藤「『Society 5.0』時代において地方はどこまで自治が可能か―『自治体戦略 2040 構想』を手がかりに」論究ジュリスト（2020 年春号）55 頁以下参照。

　3年間・全39回の調査審議の最終盤で直面した新型コロナウイルス感染症の感染拡大もあって、答申の前文では、「人口の過度の集中に伴うリスク」と「デジタル技術の可能性」が再認識され、「感染症のリスクにも適応した社会システム」への転換が書き込まれた。「新たな技術を基盤として、各主体の持つ情報を共有し、資源を融通し合うこと等により、組織や地域の枠を越えて多様な主体が連携し合うネットワーク型社会を構築」する目的は貫かれている。ただ、「目指すべき地方行政の姿」では、変化やリスクへの対応策として答申項目の順番に入れ替えがあった。最大目的と見込まれた「公共私の連携と地方公共団体の広域連携」を押しのけて、「地方行政のデジタル化」が先頭に立った。これが本当のところ何を意味するかは不明であるが、この間の「デジタル国家」構築の流れからすれば当然であるともいえる。答申の法制化が比較的容易であるとの技術的観点から前面に押し出したのか。そうではなくて、地方行政のデジタル化の基盤さえ整えば、本来目的の「公共私の連携」や「地方公共団体の広域連携（圏域行政）」はおのずと可能になるとの深謀遠慮があるのか。すべて推測の域を出ない。以下で、その大要を示す。要点は、官民あるいは組織や地域の枠を越えた社会全体のデジタル化の意味での「地方行政のデジタル化」である。

　【基本的な考え方】
　地方行政のデジタル化は、従来の技術や慣習を前提とした行政体制を変革し、住民が迅速かつ正確で効率的な行政サービスを享受するために不可欠な手段であり、「公共私の連携」や「地方公共団体の広域連携」による知識・情報の共有や課題解決の可能性を広め、組織や地域の枠を越えたイノベーション創出の基盤となる。逆に、こうした連携がデジタル化の効果を一層高めるといった好循環の形成も期待される。

　【地方行政のデジタル化における国の果たすべき役割】
　組織や地域の枠を越えた連携の推進において国の果たすべき役割は

重要性を増している。そこで、国が果たすべき役割を類型化し、地方公共団体の事務の標準化・統一化の必要性や地方公共団体の創意工夫が期待される程度に応じて、国は適切な手法を採るべきである。すなわち、住民基本台帳や税務など、多くの法定事務におけるデジタル化は、地方公共団体が創意工夫を発揮する余地が比較的小さく、標準化等の必要性が高いため、「一定の拘束力のある手法」で国がかかわることが適当である。他方、地方公共団体が創意工夫を発揮することが期待され、標準化等の必要性がそれほど高くない事務については、「奨励的な手法」を採ることが考えられる。

【取組の方向性】

「デジタル行政推進法」が地方公共団体にもオンライン化の努力義務を課していることから、地方公共団体の行政手続のデジタル化が求められる。マイナンバー制度は、より公平・公正な社会保障制度や税制の基盤であり、デジタル社会における国民の利便性向上や行政の効率化を実現するためのインフラであり、法律上の事務だけでなく、地方公共団体が条例で定める事務でも利用が可能である。地方公共団体の創意工夫により住民の利便性向上や事務の効率化を図るため、マイナンバー制度の活用とマイナンバーカードの機能発揮を通じたさらなる普及を図り、国と地方公共団体が協力して行政手続のデジタル化を推進すべきである。

【地方公共団体の情報システムの標準化】

住民基本台帳、税務等の分野のような「基幹系システム」については、個々の地方公共団体でのカスタマイズや共同利用に関する団体間の調整は原則不要である。ベンダロックインを防ぎ、事業者間のシステム更改を円滑にするため、システムの機能要件やシステムに関係する様式等について、法令に根拠を持つ標準を設け、各事業者は当該標準に則ったシステムを開発して全国的に利用可能な形で提供すること

とし、地方公共団体は原則としてこれらの標準準拠システムのいずれかを利用することとすべきである。

【AI等の活用】

ニーズが高まる保健福祉業務やインフラの維持管理等の分野、住民サービスに直結する窓口業務など、さまざまな行政分野の業務において最大限活用することが期待され、AI等の最先端の技術導入は、機能の高度化や費用の軽減の観点から、多数の団体による共同利用の必要性が高い。国は、自主的な共同利用への人的・財政的支援といった、地方公共団体の自由度への影響が小さい手法によってAI等の技術の開発を促進しつつ、幅広く活用すべき技術については全国的な利用を促進することが考えられる。RPAのように、共通性が高い業務を中心に、業務効率化に資することが実証されているものについては、業務プロセスを標準化した上で、共同利用を進めることが考えられる。さらに、利用者に対する情報提供等に関して、団体横断的に行われることが望ましい分野については、国が共通プラットフォームを提供し、地方公共団体が柔軟に情報提供等に活用できるようにすることも考えられる。国は、地方公共団体において、専門人材の広域的な確保、職員に対するオンライン等での研修機会の充実、外部人材による適切な相談・助言が可能となるよう支援するなど、「人材面での対応」が必要である。

【データの利活用と個人情報保護制度】

地方公共団体は、組織や地域の枠を越え、官民が協力しての相互のデータの利活用や、アプリケーション開発等の取組を進めることが重要である。そのためには、公共データのオープン化等によるデータ利活用環境の充実も求められる。ただし、官民や地域の枠を越えた社会全体のデジタル化を進めるに当たり、官民を通じた個人情報保護制度のあり方に関する議論が行われているところであるが、これまでの個人情報保護条例の独自規制が官民や官同士での円滑なデータ流通の妨

げとなっている場合があったり、他方、個人情報保護に関して地方公共団体が果たしてきた役割も留意する必要があったりする。そこで、地方公共団体における個人情報保護に関する規律や国・地方の役割分担のあり方を検討するに当たっては、地方公共団体の意見を聞きつつ、データ利活用の円滑化に資する方策について積極的に議論が進められることが期待される。

　⑵　行政のデジタル化の「実装」としての「スーパーシティ」

　政府の「Society 5.0」がアベノミクスの成長戦略における規制改革と地方創生の具体化であることを考えると、「スーパーシティ構想」は、はじめから「規制改革の見える化」の手段であることが当然の前提となっている。したがって、このスーパーシティの基本には、データの共有・相互利用があり、あらゆるものをネットでつなげるといった行政のデジタル化の「実装」化がある。第 32 次地制調の言葉を借りれば、「組織や地域の枠を越えた」「官民協力」の「地方行政のデジタル化」の「実装」化ということである。このためには、まずは、データの「標準化」が求められ、この「標準化」のために、「都市の連携プラットフォーム」やそこでの API（Application Programming Interface）が不可欠とされる。この「オープン API 連携」を盛り込んだところに、スーパーシティ構想の最大の特徴があるといってよい。[15]

　【まるごと未来都市・まるごと規制緩和】

　「スマート自治体」の用語は、自治体戦略 2040 構想研究会が「スマート自治体への転換」の方向性を示し、その具体化のために、総務省に「地方自治体における業務プロセス・システムの標準化及び AI・ロボティクスの活用に関する研究会」（通称、「スマート自治体研究会」）は馴染みがあるところである。ただ、同研究会では、「スマート」と「デ

15　第 6 回「スーパーシティ」構想の実現に向けた有識者懇談会の参考資料 4『『未来都市』規制改革と地方創生で」（https://www.kantei.go.jp/jp/singi/tiiki/kokusentoc/supercity/dai6/sankou4.pdf）。

ジタル」は互換的に使用され、あえていえば、「スマート化」は行政
職員による業務を対象とした行政庁舎内におけるスマート化を意味し、
都市全体のマネジメントを射程とした「スマートシティ」とは区別し
て用いられていたようである。[16]

　一方、国土交通省によれば、「スマートシティ」の取り組みは、当
初のエネルギーをはじめとする「個別分野特化型」から、官民データ、
ICT、AI 等を活用した、交通、観光、防災、健康・医療、エネルギ
ー・環境等、複数分野にわたる「分野横断型」に変化してきたようで
ある。国土交通省の施策のポイントが、①技術オリエンテッドではな
く課題オリエンテッドであること、②個別最適ではなく全体最適であ
ること、③公共主体ではなく公民主体であること、にあるといわれる
と、その趣旨はわかりやすい。[17]この「スマートシティ」を、国家戦略
特別区域法を駆使して改造したものが「スーパーシティ」ある。

　「スーパーシティ」構想の実現に向けた有識者懇談会（内閣府特命大
臣（地方創生）が 2018 年 10 月 29 日設置）が、「『スーパーシティ』構想
の実現に向けて」といった最終報告を国家戦略特区諮問会議に提出し
たのは、2019 年 2 月 14 日のことである。同年 6 月 7 日、国家戦略特
別区域法改正案（以下、「スーパーシティ法案」）が国会に提出されたも
のの、廃案となった（6 月 26 日）。その後、修正スーパーシティ法案が、
2020 年 2 月 4 日、国会に提出され、衆参両院の可決（4 月 16 日および
5 月 27 日）、6 月 3 日に公布された。

　この「スーパーシティ法」（2020 年法律第 34 号）のもとでは、スー
パーシティが「まるごと未来都市」といわれるだけあって、「同時・

16　正木祐輔「地方自治体における業務プロセス・システムの標準化及び AI・ロボティクスの活用に関す
る研究会報告書―『Society 5.0 時代の地方』を実現するスマート自治体への転換―」について（上）（下）」
地方自治第 861 号（2019 年）39 頁以下および同第 862 号 12 頁以下。
17　第 6 回「スーパーシティ」構想の実現に向けた有識者懇談会の資料 1「スーパーシティスマートシテ
ィフォーラム 2019」（http://www.kantei.go.jp/jp/singi/tiiki/kokusentoc/supercity/dai6/shiryou1.pdf）
16 頁。

一括・迅速」な規制緩和が可能な仕組みとなっている。あたかもこれまでの規制はまるでレトロ規制であるかのごとく、「まるごと規制緩和」で切り捨てられる仕組みとなっている。つまり、スーパーシティにはデジタル化のための最先端情報技術が総動員され、私たちの暮らしの場は、規制緩和の上に立つ「生活実装実験」場となることが想定されているわけである。一旦、都市 OS（Operation System）と呼ばれる「データ連携基盤」が確立されさえすれば、これによって複数の先端的サービス間でのデータ収集・整理・提供が行われることになる。ここでのデジタルデータは、政府・自治体の保有する行政・住民データ、地域が保有する空間データ、民間企業の保有データ、個人の保有する個人データなどすべてのデータを含み、行政手続、物流、交通、防災、医療・福祉、教育、金融、環境保全のすべてのサービス提供にかかわるものである。そして、「国家戦略特別区域データ連携基盤整備事業」の事業主体は、国、自治体等に対して、その保有するデータの提供を求めることができることとなっており（第28条の2、第28条の3）、この事業主体しだいでは、私たちの情報は丸裸になる可能がある。しかも、複数の先端的区域データ活用事業の実現に不可欠な複数分野の規制改革を同時的かつ一体的に実現することを可能にするため、国家戦略特別区域会議（以下、「区域会議」）は、先端的区域データ活用事業活動に必要な「新たな規制の特例措置」（要するに「規制緩和」）を、内閣総理大臣に求めることができるともされる（第28条の4）。これは、スーパーシティの事業計画案の段階で、住民その他の利害関係者の意向を踏まえつつとの留保はあるものの、その内容は、各省の調整前に公表されることにもなっている。これでは、「国家戦略特別区域データ連携基盤整備事業」の事業主体ための規制改革（緩和）ではあっても、これまで慎重な議論が積み重ねられてきた個人情報保護法などの規制はどこへ行ってしまうのか皆目わからない。このようなスーパーシテ

ィの危うさについては、「スーパーシティ法案」に対する「附帯決議」
（2020 年 5 月 22 日参議院地方創生及び消費者問題に関する特別委員会）が
端的に著している。すなわち、①国家戦略特区制度の運用にあたって、
特定の者や関連企業に不当な利益を与え、国民の疑惑・不信を招かぬよ
う公平性・透明性を十分確保すること、②国家戦略特区の規制改革事
項を決定する場合には、すべての過程の透明性・公正性の確保や、議
事内容のすみやかな公表などを求めた 2017 年国家戦略特区改正法案
の附帯決議の趣旨を徹底し、区域会議への特定事業者の追加の際には、
その過程や議論内容などの情報公開を徹底して公平性・公正性・透明
性を確保すること、③スーパーシティ事業にかかる API の設計に関す
る選定や議論内容などの情報公開を徹底すること、④国家戦略特区基
本方針におけるスーパーシティの区域指定基準の設定は、プライバシ
ー侵害への懸念等について配慮し、住民自治や民主主義的決定・運用
が担保されるような「住民目線の構想」とすること、⑤内閣総理大臣
は、「住民合意」を要件とする規制の特例措置の求め（規制緩和）につ
いて、地方自治の尊重を徹底してスーパーシティの基本方針を定める
こと、⑥内閣府は、「住民合意」について具体的かつ明確な手続を定め
る努力をし、「住民合意を証する書面」の意味するところや議会による
否決の可能性も含め、地方公共団体に明示し、合意後の住民の継続的
な関与のあり方も検討すること、⑦国家戦略特別区域データ連携基盤
整備事業の事業主体にかかる安全管理基準は個人情報の流出防止に万
全を期し基準の順守を徹底すること。スーパーシティの事業者に対し
ては、本人の同意のない顔認証システムによる個人情報収集などを行
わないよう、個人情報保護関係法令の遵守、サイバーセキュリティの
徹底を行うこと、⑧区域会議は、国・地方公共団体による事業者への
個人情報の提供を防止するため、プライバシー権、国民の知る権利な
ど人権に考慮することなど、15 項目にわたる決議が行われた。ここま

で多くの具体的な附帯決議事項があるところをみれば、スーパーシティ法の見切り発車ぶりが伺える。[18]

⑶　「スーパーシティ」を支える基盤（インフラ）としてのマイナンバー制度

　スーパーシティはもちろんであるが、すべての行政のデジタル化政策を支える基盤（インフラ）とされるのがマイナンバー制度である。2013 年 5 月に、マイナンバー関連法（行政手続における特定の個人を識別するための番号の利用等に関する法律、行政手続における特定の個人を識別するための番号の利用等に関する法律の施行に伴う関係法律の整備等に関する法律、地方公共団体情報システム機構法および内閣法等の一部を改正する法律（政府 CIO 法））が成立、2016 年にマイナンバー制度の運用が開始された。ところが、「複数の機関に存在する特定の個人の情報を同一人の情報であるということの確認を行うための基盤であり、社会保障・税制度の効率性・透明性を高め、国民にとって利便性の高い公平・公正な社会を実現するための基盤（インフラ）である」と高唱されたところであったが、マイナンバーによる情報連携、マイナンバーカードおよびマイナポータルの利用はまったく振るわなかった。「デジタル行政推進法」の制定後、その行政的基盤および社会的基盤にかかる機能の発揮が注目されるところであるが、その活用・普及の絶好のチャンスと目された新型コロナ感染症対策における特別定額給付金のオンライン申請において、マイナバーカードは思わぬ混乱を招いただけであった。さっそく現金給付用の口座登録を義務づけ、これをマイナンバーに紐づけ、政府が管理するといった改正法案が準備されているようである。コロナ禍便乗型のマイナンバー普及の企てというわけ

18　スーパーシティ法の成立の前後、多くの批判のあるところである。たとえば、内田聖子「スーパーシティ構想と国家戦略特区」（世界 2020 年 6 月号）218 頁以下、中山徹「産業構造転換と新たな都市戦略『スーパーシティ』構想とその問題点」（経済 2019 年 12 月号）36 頁以下、海渡雄一「日本社会は監視社会への途を歩むのか。成立したスーパーシティ法案の問題点と成立後の課題」（ハーバー・ビジネス・オンライン、2020 年 5 月 29 日）など。

である。マイナンバーの普及に関しては、政府によるポイント還元制度が終了し、次は「マイナポイント制度」の 2020 年 9 月開始に向けて、すでにキャッシュレス会社等の間では「紐づけ」争奪戦が始まっているらしい。おりしもデジタル行政推進法の制定によってマイナンバーの「通知カード」が廃止され、今後、マイナンバーを証明する書類として利用できなくなる場合が出てくる（住所変更などのある場合）。マイナンバーカードを持たない場合、マイナンバー記載の住民票の写しや住民票記載事項証明書が必要とされるなど、マイナンバー利用の「強制」が高まるばかりである。すでに、デジタル・ガバメント閣僚会議のもとにある「マイナンバー制度及び国と地方のデジタル基盤抜本改善ワーキンググループ」は活動を始めており、「今後の我が国の成長力や国際競争力を維持するためには、今後 5 年間、集中的に、行政を含むあらゆる分野において、マイナンバー制度を基盤として、データ・AI を最大限利活用できるシステムへの変革に取り組む」との意気込みを示す課題整理「マイナンバー制度及び国と地方のデジタル基盤の抜本的な改善に向けて」を提示している（2020 年年 6 月 30 日）。個人情報保護の脆弱性をはじめ、山ほど指摘されるマイナンバー制度の危険をよそに、そして住民の求める利便性の議論を抜きに情報技術の基盤整備だけが進められることに大きな危惧を覚える。

4　Democracy 5.0 と「地方自治＋α」
―「新しい自治様式」の探究への第一歩を―

すでに与えられた紙幅を大幅に超えている。最後に、国家と社会のデジタル化時代における地方自治の問題についての思いを書き留めて、今後の課題としたい。

【地方行政のデジタル化に対する不安感・不信感】

このようにみてくると、政府のデジタル化政策は、国であると地方

公共団体であるとを問わず、国家・社会全体に向けてのメッセージと
して、急速かつ徹底して進められていることが一目瞭然である。それ
は、便利になること、快適に生活できることのどこが悪いのか、と言
わんばかりである。ところがなぜか、私は、このデジタル化政策に対
して、強い不安感と不信感を持ってしまう。ただ、ほぼ40年前のテレ
ビドラマ「北の国から」（原作・脚本は倉本聰）の劇中の言葉を思い出
す。東京から故郷の北海道・六郷の森に舞い戻り、電気も水道もない
原始的な生活を始める主人公・黒板五郎に対して、地元で生き抜いて
きた開拓老人が、「なぜおまえは便利さを拒否するんだ」と言い放つ場
面である。生きるために、少しでも生活の「便利さ」を追い求めた開
拓老人の言葉は、誰のための、何のための「便利さ」かを考えさせて
くれる。私は、いま、コロナ禍中にあって、オンライン授業、オンラ
イン会議、オンライン研究会といったオンライン生活の毎日を余儀な
くされている。スマホも使えぬ老教授・老研究者が、好むと好まざる
とにかかわらず、コンピュータにしがみつきながら生きている。デジ
タル化の「便利さ」の「恩恵」にあずかっているといえるのか。

　時代に追いつけない老人が、「ガラパゴス自治体からスーパーシテ
ィへ」への「進化」に文句をいえる筋ではないのかもしれない。それ
でも、スーパーシティが実現すれば、もっと幸せな暮らしができるな
どとはとても想像しがたいのである。政府は、新型コロナ感染症対策
の失敗までデジタル化の遅れのせいにするが、行政のデジタル化を進
め、社会のオンライン依存をもっと高めれば、私のいのちの保障や暮
らしの質がもっと良くなるとは、とても思えないのである。もし、そ
れでもデジタルな社会生活やデジタルな国家が必要であるというなら
ば、それは、適切なスピードで、段階的に進められるべきであって、い
まの政府が進めるデジタル化は、スピード違反であるということであ
る。少しは非効率であっても、もっと時間をかけて「デジタル文化」

の醸成に努力するならばともかく、政府がいうところのデジタル国家
やスーパーシティの事業者への個人情報の提供と引き換えに得た「便
利さ」で人は幸せになれるのか、私には確信が持てない。誰のための
規制緩和なのか、誰のための「便利さ」なのかの議論が足りなさすぎ
るのである。日本国憲法のもとで、民主主義的な意思決定手続を経て、
基本的人権が保障され、究極の目的である平和を追求する法治国家プ
ロジェクトはいまだ未完のままである。このようなデジタル化政策で、
この未完のプロジェクトを終わらせるわけにいかないのである。

【デジタル化の行政法問題は解決しているか】

たとえば自治体クラウド導入の問題について、行政法の視点から少
しみておきたい。第 32 次地制調における「公共私の連携」や「地方
公共団体の広域連携」の課題にとって、地方公共団体のデータの標準
化・統一化、そのネットワーク化・共有化は、喫緊の課題とされる[19]。
自治体クラウドは、デジタル自治体の基盤構築のために、クラウドコ
ンピューティング技術を活用して、地方公共団体の情報システムを集
約し、共同利用を進めることにより、情報システムにかかる経費の削
減や住民サービスの向上等を図るとされているものである。第 32 次地
制調の射程に入る問題である。行政法研究者の原田大樹によれば、こ
の自治体クラウドの共通課題が「基準の平準化」であるという[20]。原
田によれば、行政の意思決定において、そもそも「実体法的な基準」
の完全な標準化には困難を伴うが、自治体クラウドの場合には、「各
地方公共団体の判断過程を見直して、そのプロセスを平準化する BPR
（Bisiness Process Reengineerring）が効果を発揮している」らしい。一
方、「形式法的な基準」については、「様式の標準化」が特に問題とな

19　さしあたり、総務省「自治体クラウドポータルサイト」https://www.soumu.go.jp/main_sosiki/jichi_
　　gyousei/c-gyousei/lg-cloud/ を参照。
20　以下の叙述は、原田大樹「「情報技術の展開と行政法」法律時報 92 巻 9 号（2020 年 8 月号）118 頁以
　　下、特に 121 頁以下からヒントを得たものである。

っているという。区々の自治体が様式のカスタマイズを行っている実態を見聞きするところからすれば、想像に難くない。一見すると、様式の標準化や統一化のような書式に関する様式など大きな問題ではないようにみえるが、事務処理のあり方に関する重要な問題である。時には「形式的な様式」の問題の中に、「実質的な政策判断」が入り込んでいるとすると大問題であるし、たとえば国が、法規命令のごとき法的拘束力がある法形式でこれを規定するとなれば、地方自治の保障の観点から、やはり大問題である。原田の指摘で重要な点は、システムヴェンダ（System Vendor）が、一旦、ある地方公共団体を顧客とすると、システム更新の際に、自社のシステムを選択せざるを得ないような状況を作り出すといった点である。また、これを回避するため、たとえば「様式の標準化」を行えば、これらを競争法的な規律のもとに置かねばならないという課題が出てくるという点である。さらに、システムヴェンダは、システム提供者である限り、行政の内部的な手続に密接な関連を有することになり、この意味では、「行政の意思形成過程の一部を外注しているに等しい」ことにもなるので、そもそもシステムヴェンダの中立性確保や守秘義務について、あるいは、自治体クラウドの導入にあたっては、情報の所有、占有および利用の諸関係にかかる法的整備が不可欠ということになろう。このように、自治体クラウドにかかる「様式の統一化」ひとつを取り上げても、国と自治体間あるいは自治体間同士において、その標準化・統一化の方法にかかる規制問題があることがわかる。地方行政のデジタル化にかかわっては、規制強化が必要な問題も山積みである。このような行政法的な規制のあり方の検討なしに進められるデジタル化に不安感・不信感・不快感が残るのは当然ではないかといっておきたい。

【「公共私の連携」の基盤（インフラ）としてのデジタルネットワーク化は民主主義の底引き網漁】

　第32次地制調答申では、たしかに「公共私の連携」と「地方公共団体の広域連携」は、当面の法制化の課題とされなかったようにみえる。しかし、経団連に代表されるような「Society 5.0（創造社会）」論は、「生活者の価値実現」とはいいつつ、国民・住民の福利増進の方向性がそこにみえるわけではない。結局は、専ら「EDS投資」という経済の話であるようにみえる。経団連の「デジタル革新（DX）」は、デジタル化によって国家・自治体を「デジタル総合商社化」し、国と地方公共団体の公行政機能をまるごと簒奪する姿にみえてしまう。そのような環境のもとで、「組織の枠を超えた公共私連携」や「地域の枠を越える広域連携」を進めることは、公共私のデジタルネットワーク化によって、地方公共団体をまるごと市場経済のコンピュータ端末化することを意味することになるのではないか。「地方分権改革」から20年余り経って、団体自治はもはや必要ない、いまは地方の部分最適化より国家の全体最適化こそが重要だという言説がまかり通る時代に適合的な考え方かもしれないが、私は首を縦に振るわけにはいかない。このような公共私のデジタルネットワーク化は、節操のない公共私協働であり、市場経済のためのデジタル市場圏域はできても、私たち人間の生存圏・生活圏の保障はとてもできないのではないかと素朴に考える。政府や経団連が示すところのデジタルネットワーク化は、ネット（網）はネット（網）でも、民主主義や地方自治を市場経済のために回収する「底引き網」である。つまり、日本国憲法のもとで、まがりなりにも積み上げてきた民主主義・地方自治、地元で生きる人々のいのちと暮らしを根こそぎ混獲してしまう底引き網漁のようにみえる。

　おそらく今後の「公共私の連携」や「地方公共団体の広域連携」のための実効的なシステムづくりが、いまのデジタルネットワーク化の

本質であろう。それはそれで一つの政策であるとしても、そこでの「デジタル参加民主主義」は、いまのところ、なんらの接物・接心の民主主義の技術も訓練もされていない。たとえば、オンライン国会の可否・当否が議論されているところであるが、議場で顔を合わせながら、口角泡を飛ばす熱い議論をしないで、何が代表民主主義だというのかといった見解も含めて、いまだ議論は始まったばかりである。地方自治における住民の合意形成・合意調達の方法を変えてしまうデジタル参加民主主義に基づく政治・行政のあり方については、もっと議論してからデジタルネットワーク化の範囲や程度が考えられてよい。

【ローカルな自治体がリモートする自治】

　コロナ禍中ということもあり、「リモートワーク」とかいったかたちで、「リモート」は日常用語となった。しかし、国と地方公共団体の関係を考える場合、「ローカル自治・リモート自治」をじっくりと考えておかなくてはならない。国主導のデジタルネットワーク化政策のもとでは、どうしても国が地方をデジタルネットワークの端末にして、国がリモートする地方のデジタルシステム化を企図しているようにしかみえない。IT 用語でいえば、国がローカルで、地方がリモートという奇妙なことになる。しかし、これでは、国家の保有情報や国家の処理情報に依存するシステムができるばかりである。国への依存自治だけが残り、自治収縮が結果するのは目にみえている。もし、デジタルネットワーク化が不可避としても、地方自治に基づく発想への転換が不可欠である。つまり、地方の行政、地域の事務に関しては、あくまでも地方がローカルで、国がリモートであることを徹底することである。「こっち」がローカルであり、「あっち」がリモートである、と考えることは、「ローカル」の字義通りでもあるが、憲法が保障する地方自治にもマッチする。地方がローカルとなって、国や民間企業をリモートし、地方における行政・地域の事務を、自律分散型ネットワークの

もとで操作するのである。この限りでいえば、自分がローカルになっ
てリモートすることができない、指示待ち自治体は要らないのである。
住民のいのちや暮らしを守るローカル自治体がリモートするところの
維持可能なサスティナブルな自治は、人間中心の自治だけである。

　【「新しい自治様式」の探究・「地方自治＋α」の模索】

　デジタル化時代において、ともすれば「AIの支配」や「AI主権」
までもが語られる。日々迫りくる"Disruption"（創造的破壊）とどう
向き合うか。AIのシンギュラリティ（技術的特異点）の到来にどのよ
うに対処するかなど、AIの知能に人間の知能や判断が、いつ取って代
わられるかが深刻な問題になるときであるから当然の話なのかもしれ
ない。しかし、日本国憲法は、私たち人間を主権者として、私たち人
間の基本的人権を保障し、私たち人間に平和な国家の実現を託してい
るのだから、私たち人間は、デジタル化に対しても、AIに対しても主
権者であり続けなければならない。

　いまもなお、政府の愚策のせいで新型コロナウイルス感染症が蔓延
している。私には、同時に、「デジタル感染症」・「AI感染症」が蔓延
しているようにもみえる。新型コロナウイルス感染症の克服もままな
らないうちに、ポストコロナの時代を語り、「新しい生活様式」が必
要であるという者が散見される。これはこれで、一理あるのかもしれ
ない。冒頭に述べた政治・経済・社会における全般的グローバル化や
グローバル独占資本による過剰な地球開発主義といった人間の驕りを
繰り返してはならないと思うからである。しかし、「新しい生活様式」
といっても、そう簡単な話ではない。「新しい生活様式」を個人の生
活のありように任せるといった主観的問題ではすまない。「新しい生
活様式」を支える「新しい政治様式・新しい行政様式」といった客観
的制度の問題を考えることが不可欠である。地方自治の問題でいえば、
「新しい自治様式」の問題といってよい。

　この点では、生活を支える「新しい公共」の議論も大事かもしれないが、より大事なのは、「新しい個人」のあり方の問題である。「公共私」は、「公事」・「共事」・「私事あるいは個事」の三者の問題である。「公共」だけ先行的に考えるわけにはいかない。この「新しい個人」を基礎とする「新しい自治」の議論が不可欠であると思われる。仮に、政府や経団連の「Society 5.0」の議論に対応するかたちで論ずるとすれば、それは、「Democracy 5.0」の議論といってもよい。「新しい個人」を基礎とした、民主主義・地方自治の連携基盤のうえに立つ新しい民主主義のあり方の議論が重要である。地方自治論でいえば、これまでの地方自治論に、この時代に重要な何かをプラスアルファする「地方自治 + α」である。幸か不幸か、好むと好まざるとにかかわらず、コロナ禍が露わにした、超軟弱地盤の上に立つこの国の法治主義、民主主義、人権保障の問題については、ここではもう論ずるいとまがないが、「新しい生活様式」を求めるだけでは解決しない問題ばかりである。最大の問題は、新型コロナウイルス感染症の蔓延といった「例外状態（Ausnahmezustand）」（Carl Schmitt）における「決断主体」の問題である。日本国憲法のもとでは、私たち国民であるはずであるが、さしあたり、「公事」・「共事」・「私事あるいは個事」のそれぞれにおいて、考える必要があるのかもしれない。コロナ禍を経験して、いまだ私たちが未着想・未体験の「新しい民主主義」、「新しい法治主義」あるいは「新しい人権保障」のあり方について、自分の頭で考え行動し模索しなければならないときなのであろう。地方自治の現場で生きる住民、自治体労働者あるいは自治体そのものにとって、それは、「新しい自治様式」の探究であり、「地方自治 + α」の模索である。さあ、「新しい自治様式」の探究への第一歩を踏みだそう。

2 行政のデジタル化と個人情報保護

稲葉一将

はじめに

　地方行政のデジタル化に関する企画立案を検討している国の行政機関は、総務省である。しかし、これに先行する過程で、個人に関する情報を、「資源」の一種へと転化させる経済政策の基本方針が内閣によって策定されていた事実にも、注意しておかねばならない。[1]俯瞰すれば、米国、中国そしてドイツ等の EU 諸国が、国を挙げて社会全体のデジタル化にとりくんでいる。日本の現状は先進諸国の後塵を拝するものといってよいが、海外展開しようとする場合には、まず国内において、個人に関する情報を資源に転化させつつ、これを収集、解析および活用する実験的な事業を国家が育成しなければならない。その出発点においては、国地方の行政が保有する個人に関する情報が事業主体に提供されなければならない。大量の情報を提供するためには、「紙から電子へ」の移行が不可欠となる。この次の段階においては、電子化によって、国地方の組織および事務の違いにかかわりなく、文書のみならず事務手続をも「標準化」し、「自動化」することが技術的には可能となる。最後の段階は、国地方そして官民が一体化する電子政府の構築であって、行政情報の解析と予測のみならず民による企画立案すら不可能ではない。[2]

　しかし、行政をデジタル化し、これを電子政府へと変質させるその

　1　閣議決定である「世界最先端 IT 国家創造宣言」（2013 年 6 月）においては、「ヒト」、「モノ」、「カネ」と並んで、「情報資源」の「収集・蓄積・融合・解析・活用」を推進するという基本方針が策定されていた。

　2　経団連「Society 5.0 に向けた電子政府の構築を求める」（2017 年 2 月）は、「4」において、その達成目標である「公共データを活用した予測・分析型の政策立案・行政サービス提供」の制度化を国に求めた。

過程は、公法あるいは行政法規範との矛盾や対立が生まれる過程でも
ある。本稿は、その法規範の一つである個人情報保護に注目する。情
報が帰属する個人には、他者によって「資源」とされた個人に関する
情報をとり戻そうとする意識が生まれるからであり、自己情報をコン
トロールする権利の制度的保障が、行政のデジタル化を推進する国家
には同時に要求されるからである。そして、国家による自己情報コン
トロール権の制度的保障が、個人の不満や不服を生む状態にある場合
には、地方自治体による個人情報保護が、一層その正当性を獲得する
からである。

1　行政のデジタル化の特徴と現段階

⑴　IT 総合戦略本部が推進する行政のデジタル化

　行政を含む社会全体のデジタル化を現実のものとしている立法が、
いわゆる IT 基本法（2000 年法律第 144 号）であり、同法 25 条に基づ
き内閣に設置された IT 総合戦略本部が、重点計画の類を策定してき
た。同本部のホームページ上には「IT 関連法律リンク集」が掲載され
ているが、これらのうち、重要性を有すると思われる法制度は、以下
である。

　2013 年に、番号法（2013 年法律第 27 号）および地方公共団体情報シ
ステム機構法（2013 年法律第 29 号）とともに、府省横断的な事務を担
当する「内閣情報通信政策監」を内閣官房に設置するための内閣法等
の一部を改正する法律（2013 年法律第 22 号）が制定された。

　2016 年には、官民データ活用推進基本法（2016 年法律第 103 号）が制
定された。行政手続に係るオンライン利用を「原則」とすること（10
条）、番号法に基づく「個人番号カード」の利用促進（13 条）とともに、
IT 総合戦略本部に、内閣総理大臣を議長とする官民データ活用推進戦
略会議が設置された（20 条、23 条）。官民データ活用推進戦略会議と

IT 総合戦略本部が決定した「デジタル・ガバメント推進方針」（2017 年 5 月）は、「全国同一水準での提供が求められる地方公共団体等のサービス」についての「自治体クラウド等への集約化」方針を策定した（「方針 2」）。これは、「民間クラウド」であって、「行政機関が全てを保有・管理する形態から必要なものを必要な期間だけ利用する」形態への「転換」を方向づけた。

　2019 年には、「行政手続等における情報通信の技術の利用に関する法律」の名称を「情報通信技術を活用した行政の推進等に関する法律」へと逆転させた、デジタル手続法（2019 年法律第 16 号）が制定された。デジタル 3 原則（2 条 1 号から 3 号）のうち、第 1 原則（同条 1 号）が、デジタル行政を、行政機関の「事務」および民間事業者の「業務」の「自動化」および「共通化」を図るものと定めた。3 条 2 号の「行政機関等」には議会を除き「地方公共団体又はその機関」（同号ハ）が含まれる。同条 12 号の「手続等」は、法令の規定に基づき行われる行政機関等に対する申請や届出、これに対して行政機関等が行う書面作成や処分通知までを包含するが、条例または規則に基づく地方自治体の手続に関しては、必要な施策を講ずる努力義務にとどまる（13 条）。なお、主管は、前述した内閣情報通信政策監が置かれる内閣官房 IT 総合戦略室であり、地方自治体の手続のデジタル化に関しては総務省自治行政局が共管として加わるとされている。[3]

⑵　「Society 5.0」のための電子政府化

　内閣府設置法 26 条 1 項に基づき設置された総合科学技術・イノベーション会議が、内閣総理大臣に対して「科学技術基本計画について」（2015 年 12 月）の答申を行い、これを受けた閣議決定文書である「第 5 期科学技術基本計画」（2016 年 1 月）において、初めて「Society 5.0」

3　内閣官房 IT 総合戦略室デジタル・ガバメント担当編『逐条解説デジタル手続法』（ぎょうせい、2020 年）20 頁以下。

という語が用いられたといわれている。科学技術政策の用語であった
この語は、財界も好んで用いている[4]。このため、第2期の規制改革推
進会議は、「当面の重要事項」（2017年9月）に「2. Society 5.0に向け
た医療の実現」と「4. 官民データ活用と電子政府化の徹底」をあげ、
この下部組織である投資等ワーキング・グループも「今期の主な審議
事項」（2017年9月）のなかに、「Society 5.0」の「インフラ」整備で
ある電波制度改革と、「不可欠な基盤」である「電子政府化の徹底」を
加えた。

　電子政府化は、会議公開を含む行政情報提供の充実や地理的制約を
克服する国民参加の実現の手段ともなるのであり、またこのためには
公務員組織の増強が不可欠の課題となる。本来、豊かな内容を有する
はずの電子政府化が、規制改革に適合的なものへと条件づけられてい
るので、技術か人かといった不毛な対立も生まれるのであろう。しか
し、このような不満が、国とは対立する地方自治の存在理由をも浮き
彫りにするのである。

⑶　総務省の検討会と地方制度調査会

　有識者委員の発言を事務局が整理して、会議体が内閣総理大臣に答
申を行い、そして内閣が閣議決定において基本方針を策定した後の段
階で、総務省が地方行政に関する企画立案を行っている。かねて2040
年における「人口減少」社会の到来を主張することで、内閣が方向づ
けてきた行政のデジタル化の基本方針を内面化し、あるいは先行しよ
うとすらしてきたのであろう[5]。地方自治を理解するはずの総務省にし
ては、大胆な内容が目立つのである。その一例として、「地方自治体に
おける業務プロセス・システムの標準化及びAI・ロボティクスの活用

4　たとえば、経団連「Society 5.0の実現に向けた規制・制度改革に関する提言」（2020年3月）。

5　総務省の企画立案の特徴は、白藤博行ほか『「自治体戦略2040構想」と地方自治』（自治体研究社、2019
年25頁）が、人口減少を生み、これに対応しない不作為の政治責任を、地域社会と地方自治体に転嫁す
るものだと述べている。

に関する研究会報告書」（2019年5月）は、2040年の人口予測に言及し
つつ、「技術」が「持てる力を発揮する」ためには「人や社会が変わら
なければならない」ので、「自治体職員が、より価値のある業務に注力
できる環境を作らなければならない」と述べた（「1.　本研究会の目的・
問題意識」）。しかし、「解放」されるといわれる日常的な「事務作業」
と「価値のある業務」とは連続しているので、逆に非効率であり、公
務の停滞を生む場合もありうるのではなかろうか。いずれにせよ、こ
の報告書が「技術」と「人」との関係において、「技術」を主語とした
事実は、注目されてよい。生活者にとっては、主客の逆転であり机上
の空論としか思えないこの論理は、後述するように、「情報」と「個
人」との関係においても再び展開されるからである。

　本書の白藤論文が詳しく論じているので、重複を避けるが、第32次
地方制度調査会は、6月26日に、「2040年頃から逆算し顕在化する諸
課題に対応するために必要な地方行政体制のあり方等に関する答申」
を公表した。この間、Covid-19感染拡大防止のために地方自治体が果
たしている役割を無視できないからか、件の「圏域」論議は影を潜め
たが、行政のデジタル化は、着々と進行している。まず、「全国的に深
刻化する人手不足への対応」に加え、「新型コロナウイルス感染症への
対応も契機」として、「今後、デジタル技術の活用が一層進み、社会全
体に普及すると考えられる」のに対応して、「行政サービスの提供体制
を平時からSociety 5.0における技術の進展を最大限活用したスマート
なものへと変革」する必要があるという（「第1」の「3目指すべき地方

6　筆者の経験を述べておくと、不良な生活環境解消条例（いわゆるごみ屋敷条例）の執行状況を調査し
た際に、一般ごみの各戸収集業務を行う過程で、職員が居住者の不良な生活環境を発見し、そこから多
機関間「調整」が行われている実例を知った。なお、Zeynep Tufekciは、Twitter and Tear Gas: The
Power and Fragility of Networked Protest (2017) において、公民権運動とSNSを活用した最近の社会運
動とを比べて、雑務でも時間をかけることで組織内部に信頼が生まれて、組織としての実力が備わるとい
う network internalities の存在を述べている（75頁）。これを分かりやすくいえば、自転車を利用すれば
筋力を得られるが、自動車では得られない（76頁）。

行政の姿」)。

　次に、デジタル化の対象となる「住民基本台帳や税務など、多くの法定事務」は、「地方公共団体が創意工夫を発揮する余地が比較的小さく、標準化等の必要性が高い」ものとされて、「地方公共団体の情報システムや事務処理」に対して、「一定の拘束力のある手法で国が関わることが適当」だという（「第2」の「2」の「⑵国が果たすべき役割の類型化」)。そして、「住民基本台帳、税務等の分野における基幹系システム」の「機能要件やシステムに関係する様式等」について「法令に根拠を持つ標準」を設けて、「各事業者は当該標準に則ったシステムを開発して全国的に利用可能な形で提供する」ので、地方自治体が、「標準準拠システムのいずれかを利用することとすべきである」という（「3取組の方向性」の「⑵地方公共団体の情報システムの標準化」)。自治事務か法定受託事務かの事務区分はかかわりがない。

　最後に、「知識・情報の共有による課題解決」や「効果的・効率的」なサービス提供のためには、「組織や地域の枠を越え、官民が協力して、相互のデータの利活用」を進めることが重要であり、「データ利活用の円滑化を図る観点」からの「官民を通じた個人情報保護制度のあり方に関する議論」に言及されていることも見逃せない。個人情報の「定義や制度内容に差異が存在するほか、独自の規制を設けている」個人情報保護条例が、「官民や官同士での円滑なデータ流通の妨げとなっていると指摘されている」ので、「データ利活用の円滑化に資する方策について積極的に議論が進められることが期待される」というのである（同「⑸データの利活用と個人情報保護制度」)[7]。

⑷　国家戦略特区法の改正による「スーパーシティ」の実現

　本稿執筆中に、社会全体の「スマート」化を推進するための諸立法、

7　なお、経団連「Society 5.0 の実現に向けた個人データ保護と活用のあり方」（2019 年 10 月）の、「Ⅲ」の「2」の「⑸官民の個人情報の取扱いの統一」も参照。

すなわち強靱かつ持続可能な電気供給体制の確立を図るための電気事業法等の一部を改正する法律等の諸立法が矢継ぎ早に行われたが、そのなかでも、スーパーシティ法といわれる国家戦略特別区域法の一部を改正する法律（2020 年法律第 34 号）が重要であろう。多数ある問題点のうち、住民と地方自治体に注意してほしいのは、「実施主体」が「国家戦略特別区域会議に係る関係地方公共団体の保有するデータ」の「提供」を「長その他の執行機関」に求めることができるが、「長その他の執行機関」は、データ提供が「他の法令に違反し、又は違反するおそれ」や「公益を害し、又はその所掌事務若しくは事業の遂行に支障を及ぼすおそれ」の有無を判断し、提供の許否を決定するという仕組みである（28 条の 3 第 1 項から第 3 項、28 条の 2 第 2 項各号）。

　この「他の法令」に含まれるのであれば、各地において、個人情報保護条例の創意工夫が課題となるのではなかろうか。これと国家戦略特区法という 2 つの法体系の、どちらの一元化に向かうのかが注目されるからである。

2　個人情報保護の状態と課題

⑴　情報の活用と自己情報コントロールとの対立

　行政を含む社会全体のデジタル化の推進を国家に要求する側も、個人に関する情報の活用に対する「消費者」の「納得」や「信頼」を意識せざるをえない[8]。このため、2015 年の個人情報保護法改正によって、匿名加工情報が新設されたように、個人識別可能性を抑制するための法制度が整備されてきている[9]。

8　経団連・同上の「Ⅱ」の「2」の「⑴　個人データの活用に広がる懸念」。
9　2020 年 6 月 5 日には、個人情報の保護に関する法律等の一部を改正する法律が、制定された。積極的内容も含まれているが、個人情報に含まれる記述等の削除等により他の情報と照合しない限り特定の個人を識別することができないように加工した「仮名加工情報」を新設するものでもある。なお、経団連・同上の「Ⅲ」の「2」の「⑷データ利活用に関する施策のあり方」も参照。

　事業者も、自主規制しつつ個人識別可能性を抑制するための情報処理を行うことによって、位置情報の提供事業を展開している。一例として、NTT ドコモは、自社の携帯電話ネットワークを使用して作成される人口の統計情報である「モバイル空間統計」を提供している。[10] 2020 年 5 月 28 日には NTT ドコモは、厚生労働省と「新型コロナウイルス感染症のクラスター対策に資する情報提供等に関する協定」を締結した。同社のホームページには、「モバイル空間統計ガイドライン」が掲載されている。まず「氏名や電話番号、生年月日などの識別情報」を取り除く「非識別化処理」が行われ、この非識別化情報から、人数分布や移動人数のほかに「性別・年代別などの属性別の人数構成の推計」を行う「集計処理」が行われ、この集計結果に「少人数エリアの数値」が含まれないようにする「秘匿処理」が行われる。この 3 段階の処理によって、電気通信サービス利用者個人を特定しない統計情報を作成すると説明されているが、情報処理の専門家であればともかく、利用者個人は理解できているのだろうか。モバイル空間統計の作成および提供に係る「情報管理責任者」が置かれていることは分かるが、この権限と責任が詳しく述べられていない。したがって、「運用データ利用停止手続」といっても、どの機関（窓口）に対してどのような手続により利用停止を申し出てよいのかが、ここには明示されていない。

　匿名化や仮名化の加工処理を技術的に行ってみたところで、活用される情報が個人に関する情報であることに変わりはない。個人識別情報が濫用されずに、また外部に漏洩しなければよいということではなくて、個人が個人らしく存在できるのか否かが問題である。つまり、個人に関する情報の解析や予測の自動化も含めて、情報がもともと帰属

10　情報が若干古くなったが、「緊急時等における位置情報の取扱いに関する検討会報告書」（2014 年 7 月）の「4」の「5」で紹介されている。

していた個人に対してその処理過程が「公開」され、ここに「参加」
し、「異議」を述べる機会を保障することが、課題のまま残されている
のである。

　この共時性を有する課題への一つの対応であると目されているのが、
EU の「一般データ保護規則」の 21 条および 22 条である。[11]域内にお
ける個人データの自由な移動を可能とするための法的条件整備として、
プロファイリングの場合を含む異議を述べる権利（Right to object）、
プロファイリングを含む自動化された取扱いに基づいた決定の対象と
されない権利（The data subject shall have the right not to be subject
to a decision based solely on automated processing）のような新しい
権利を創造している。これも「鏡」とするのであれば、日本の法制は、
個人に関する情報のうち個人識別情報の保護に関しては法制度が整備
されているといえるが、匿名化等の加工処理に関しては、処理過程に
おける人の関与を含む自己情報コントロール権を保障するための法制
度が未整備であり、事業者の自主規制に委ねられている。

⑵　個人情報保護法制の統一化と地方自治との対立

　医療等の情報の活用が進まない原因は、多様な個人情報保護条例に
あるとして、国地方そして官民の個人情報保護法制を統一すべきとの
主張を見聞する機会は、少なくない。そこで、個人情報保護制度の見直
しに関するタスクフォース議長決定により、内閣官房が庶務を担当す
る個人情報保護制度の見直しに関する検討会が、民間、行政機関、独
立行政法人等に係る法制度の「一元化」と規定の「一体化」に向けて、
開催されている。個人情報保護条例に関しては、個人情報保護委員会
に事務局が置かれた地方公共団体の個人情報保護制度に関する懇談会
が、個人情報保護条例に係る実態調査結果（2020 年 5 月）を公表した

11　EU の「一般データ保護規則」を含む文書の仮訳が、個人情報保護委員会のホームページに掲載され
　　ている。

段階であり、検討作業が進行している。

　国が地方行政を含む社会全体のデジタル化を推進する場合には、たとえば、電子計算機の結合の原則禁止を定めている個人情報保護条例（名古屋市条例15条等）との関係が問題となりうる。国地方そして官民の個人情報保護法制の統一化は、公表されている資料においては、法制度の「一元化」と規定の「一体化」とが区別されつつ、交錯している。極論すれば、多様な個人情報保護条例が国法である個人情報保護法に「一体化」したとしても、各地方自治体やそこに設置された個人情報保護審査会が多様な法解釈を行う可能性は残る。これをも排除あるいは抑制するためには、個人情報保護委員会等の国の行政機関に、法解釈権限を「一元化」しなければならなくなる。

　しかし、前述したとおり、日本の個人情報保護法制が、個人識別性を有しないとされる情報についての自己情報コントロール権を十分に保障しているとは評価できないので、このような国の立法（不作為）に対する不満や不服が、国との対立物であるところに存在理由を有する地方自治体独自の個人情報保護条例を、一層正当なものとするのである。前のめりの状態で進行している感がある社会全体のデジタル化に対して、住民情報の提供許否を慎重に検討し、これを判断する権限と責任を有するのが、住民の信任を得た各地方自治体であることに変わりはない。住民全体に奉仕する責任を負う地方公務員の役割は、一層大きいといわねばならない。国の法制度が未整備の現状においては、プロファイリングや自動化処理に対して、地方自治体が地域の実態とそれとのずれを発見した場合には、このことを指摘し、改善を要求すべきであろう。

　個人に関する情報の活用を要求する側にとっては、いわば「情報」が主語となるのであって、その保有主体の違いには意味がないと理解されるのかもしれない。しかし、情報が帰属する個人の側からいえば、

住民の地位において各種の行政サービスを不満なく利用できるように
するために、自己の情報を地方自治体に任せているのである。「情報」
ではなくて、情報の帰属主体である「個人」の生活を豊かなものとす
るために存在している地方自治体が、「独自の規制」を行うことは、地
方自治の実践そのものであり、この核心には住民の権利保障という規
範的要請が存在する。だからこそ、個人情報保護法は、地方自治体が
自治事務として、その「区域の特性に応じて」(5条)、法制度を整備
する責務を課しているのであろう。

　各地で異なる個人情報保護条例の統一化は、要配慮個人情報の取扱
いなど、積極的意義を有する内容が個別的に含まれているとしても、
地方自治と権利保障のための諸条件の存在を意識させるものとなる。
個人情報保護法制の立法作業を強力に方向づける基本方針を策定する
内閣（そして内閣官房と内閣府の官僚制）と地方自治との対立が鮮明に
なれば、個人情報保護委員会（個人情報保護法59条2項）が果たすべき
役割は何かも、一層きびしく問われるといえよう。

おわりに

　グローバルな規模において行政を含む社会全体のデジタル化が推進
される過程で、個人情報保護も強く意識される法現象には、その国や
社会が有する特殊性もあらわれる。西欧とは異なるアジアに位置する
日本は、東アジアの隣国とも異なって、個人の権利意識が弱い社会で
あるのかもしれない。それでも、地震等の自然災害を経験するたびに、
どのような個人であっても、また緊急時であろうとなかろうと、その
個々の権利が国家三権によって普遍的に保障されるのでなければなら
ないという意識が、生まれ、そして拡がってきているように思えてな
らない。だとすれば、日常的に住民と接する地方自治体の職員こそが
率先して、急速に進められている地方行政を含む社会全体のデジタル

化に対する不安や不満に応じ、住民生活を豊かにするための技術革新の成果をともに学び、実践すべきではなかろうか。このような諸実践を続ける過程のなかから、ユニークな電子自治体が出現するように思われるからである。誰がつくったのか分からないAI等の技術が公務労働を変えるのではなくて、生活者に寄り添う地方自治体の職員が技術を変えるのでなければならない。

自治体情報化・クラウド化の現場

1　番号法施行後の自治体情報化

吉川貴夫

1　番号制度と自治体クラウド

⑴　番号制度導入と自治体クラウド導入問題

　マイナンバー制度である「行政手続きにおける特定の個人を識別するための番号利用等に関する法律」が 2013 年 5 月に成立したことを受けて、電子自治体へ向けた取組みが加速することとなった。

　同年 6 月 14 日に閣議決定された「世界最先端 IT 国家創造宣言」では、「国・地方を通じた行政情報システムの改革」が掲げられ、「自治体クラウドについて……番号制度導入までの今後 4 年間を集中取組期間と位置付け、番号制度の導入と併せて共通化・標準化を行いつつ、地方公共団体における取組を加速する」とした。また、同時に閣議決定された「経済財政運営と改革の基本方針―脱デフレ・経済再生―」においても、「自治体クラウドの取組を加速させ」るとされ、自治体クラウドが国家の重点政策に位置付けられた。

　自治体クラウドは、各自治体が情報システムを庁舎内で保有・管理することに代えて、外部のデータセンターで保有・管理し、通信回線を経由して利用できるようにする取組みである。

　総務省は、「創造宣言」の閣議決定を受けて、自治体クラウドの導入をはじめとした電子自治体に係る取組みを加速させることを目的として、2013 年 3 月 24 日に「電子自治体の取組みを加速するための 10 の指針」を策定した。これは、番号制度の導入に併せた自治体クラウドの導入の加速を最優先課題と位置付けて、自治体における具体的な取組みを提示したものである。そこでは、自治体クラウド導入によって、「番号制度の効率的な導入が可能となり、今後の事務負担の軽減も図ら

れる」だけでなく、「業務フローやシステムが統一されることから、広域的な行政運営につながることも期待される」として、複数の自治体の情報システムの集約と共同利用を進めていくことも目的とされている。

⑵　スマート自治体構想

「スマート自治体」は、2018 年 7 月に発表された総務省の「自治体戦略 2040 構想研究会　第二次報告」で登場した。

「半分の職員数でも担うべき機能が発揮される自治体」という衝撃的なフレーズが話題となったが、「経営資源が大きく制約されることを前提に、従来の半分の職員でも自治体が本来担うべき機能を発揮できる仕組み」として、「全ての自治体で、AI・ロボティクスが処理できる事務作業は全て AI・ロボティクスによって自動処理するスマート自治体へ転換する必要」があると打ち出したものである。

これを受けて、総務省は実務上の課題を整理する研究会として、2018 年 9 月に「地方自治体における業務プロセス・システムの標準化及び地方自治体における AI・ロボティクスの活用に関する研究会」（通称「スマート自治体研究会」）を設置し、2019 年 5 月 24 日に同研究会の報告書が公表された。

「スマート自治体」を「システムや AI 等の技術を駆使して、効果的・効率的に行政サービスを提供する自治体」と定義し、目指すべき姿として、①人口減少が深刻化しても、自治体が持続可能な形で行政サービスを提供し続け、住民福祉の水準を維持する、②職員は、職員でなければできない、より価値のある業務に注力する、③団体の規模・能力や経験年数に関わらず、ミスなく事務処理するためにベテランの経験を AI 等に蓄積・代替する、としている。

スマート自治体の実現に向けた原則として、①行政手続きを紙から電子へ、②行政アプリケーションを自前調達式からサービス利用式へ、

③自治体もベンダも、守りの分野から攻めの分野へ、の３原則を提示した。実現すべき具体的方策としては、①業務プロセスの標準化、②システムの標準化、③AI・RPA 等の ICT 活用普及促進、④電子化・ペーパーレス化、データ形式の標準化、⑤データ項目・記載項目、様式・帳票の標準化、⑥セキュリティ等を考慮したシステム・AI 等のサービス利用、⑦人材面の方策、都道府県等による支援、の７項目を示している。

　まず、システムを標準化してから、それに業務プロセスを合わせるとして、ただちに個別行政分野ごとのシステムの標準仕様書の作成を開始した。標準仕様に基づき、ベンダがパッケージに機能を搭載し、自治体はシステム更新時期を踏まえつつ速やかにこれを導入することで、全国的に実現させるとしている。

　これを受けて、2019 年 8 月から総務省は「標準化」に関して、「自治体システム等標準化検討会」を開催している。

(3)　デジタル手続法の成立

　スマート自治体研究会の報告書発表と同時期の 2019 年 5 月 24 日にデジタル手続法（情報通信技術を活用した行政の推進等に関する法律）が成立した。これは、行政手続オンライン化法（行政手続等における情報通信の技術の利用に関する法律）を改正するものである。

　デジタル手続法は、国の行政機関等に行政手続きのオンライン化を義務付け、国民・企業が行政手続きをオンラインで行うことを選択できるようにしている。具体的には、政府が「情報システム整備計画」（＝デジタル・ガバメント実行計画）を策定し、国の各行政機関は計画に従って、システムを整備しなければならないというものである。

　デジタル手続法を受けて、2019 年 12 月 20 日に「デジタル・ガバメント実行計画」が策定された。その中では、「行政サービスの 100% デジタル化」「行政保有データの 100% オープン化」「マイナンバーカー

ドの普及とマイナンバー制度の利活用の促進」などを掲げている。

　デジタル手続法では、自治体に対して努力義務を課すにとどめているが、「デジタル・ガバメント実行計画」では、「地方公共団体におけるデジタル・ガバメントの推進」として、マイナポータルの活用等により地方公共団体の行政手続き（条例・規則に基づく行政手続きを含む）のオンライン化を推進、複数団体により共同でクラウド化を行う自治体クラウドを推進、業務プロセス・情報システムの標準化を推進、AI・RPA 等による業務効率化を推進、として全面的な対応を求めるものとなっている。

⑷　「スマート自治体」と「行政のデジタル化」は表裏一体

　自治体戦略 2040 構想研究会第二次報告は、AI・ロボティクス（RPA）等の ICT（情報通信技術）を使いこなす自治体を「スマート自治体」と規定した。ICT を効果的に活用するためには、データが入り口から電子データの形で入ってくることが重要であるため、行政手続きを紙から電子に切り替えていくこと＝デジタル化が必要となる。

　また、自治体が情報システムのハードウェア・ソフトウェア・データなどを自庁舎で管理・運用することに代えて、外部のデータセンターにおいて管理・運用し、ネットワーク経由で利用することができるようにする取組みが「クラウド化」である。政府は、単なる「クラウド化」にとどめず、複数の自治体の情報システムの集約と共同利用を行っているものを「自治体クラウド」と定義をし、これを推進している。

　そこで、複数の自治体の情報システムを集約し、共同利用を進めていく上では、システムや様式・帳票の統一である「標準化」が不可欠となる。スマート自治体を実現していくうえで、デジタル化・標準化が必要であり、これらは表裏一体の関係として、その取組みが加速している。

2 現在の自治体情報システム

「行政のデジタル化」「自治体クラウド推進」などの取組みが加速しているが、そもそも現在の自治体情報システムはどうなっているのか。

各自治体では住民サービスを提供するため、住民基本台帳、地方税、国民健康保険、介護保険、後期高齢者医療などの住民個人へ直接影響する様々な事務を効率化するシステム、その他、行政内部の事務を効率化するための人事給与、財務会計、文書管理、庶務事務といった各種システムやグループウェア[1]などの管理ツールを導入し、総合的な行政サービスを担うシステムを個別に構築している。

この個別に構築している各種システムにおいては、同じ法定事務であったとしても、各自治体の規模や地域性に合わせて個別にカスタマイズする、運用を変えるなどシステムの細やかな調整を行い、最適化をしている。最適化するシステムにあっては、地域特性等を共有する自治体の中には、総務省が定義する自治体クラウドのような仕組みを、近隣自治体で共同運営するシステムとしてすでに構築している場合もある。

一方、番号法施行後、総務省は、市区町村のインターネット接続口の安全性を担保するための施策として、情報セキュリティ対策強化となる「自治体情報システム強靱性向上モデル」の構築推進を通知している。この通知の中で、市区町村の情報システムにかかるネットワークを次の3つのカテゴリーに整理している（図Ⅱ-1-1 自治体情報システム強靱性向上モデルを参照）。

①「個人番号利用事務系」＝住民基本台帳・税・健康保険・介護保険など。

②「LGWAN接続系」＝人事給与、財務会計、文書管理、庶務事務、

---

1 メール、スケジュールといった機能を持つ組織内でのスムーズな情報共有やコミュニケーションを実現し、効率的に業務を遂行するためのソフトウェア。

図Ⅱ-1-1　自治体情報システム強靱性向上モデル

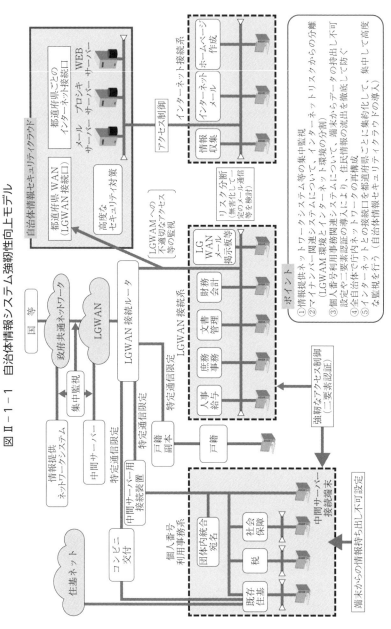

(出所：総務省「新たな自治体情報セキュリティ対策の抜本的強化について」)

グループウェアなどの内部事務。

③外部メール、ホームページなど一般的ネットワークである「イン
　ターネット接続系」である。

この他に住民基本台帳ネットワーク、戸籍情報については独立して
いる。

LGWANとは、「総合行政ネットワーク」の略称で、自治体の組織
内ネットワーク（庁内LAN）を相互に接続して、情報の高度利用を図
ることを目的としたインターネット網には直接接続されていない行政
専用の閉域ネットワークである。全都道府県・市区町村がLGWANに
接続し、国の府省間ネットワーク「政府共通ネットワーク」と相互接
続されている。

2001年に運用が開始されており、2017年11月からは、マイナンバ
ー制度における情報連携等の本格運用もLGWANを利用して開始さ
れている。LGWANは、電子メール・電子掲示板・メーリングリスト
などの基本的サービスのほかに、府省、接続団体である地方公共団体、
公益法人、民間企業等がASP（アプリケーションサービスプロバイダ）
として、LGWANを通じて、サービス利用者である接続団体に各種行
政事務サービスを提供している。

総務省は、「新たな自治体情報セキュリティ対策の抜本的強化につ
いて」（2015年12月25日、総務大臣通知）において、第1に、「個人番
号利用事務系」については、端末からの情報持ち出し不可設定等を図
り、住民情報流出を徹底して防止すること、第2に、LGWAN環境の
セキュリティ確保に資するため、LGWAN接続系とインターネット接
続系を分割することを示すとともに、第3として、都道府県と市区町
村が協力して、自治体セキュリティクラウドを構築することをあわせ
て、高度なセキュリティ対策へむけた「3層からなる対策」としてい
る。

　各自治体ではこのような現況を踏まえつつ、自身の自治体が抱える課題において、最適なシステム、効率的なシステムを常に見据えて、地方自治・住民自治を尊重した自治体運営を行っている。

3　「標準化」をめぐる問題点

⑴　「標準化」をすすめる政策

　総務省は、2020年度に重点分野として取り組む施策として、2019年8月30日に「Society 5.0時代の持続可能な地域社会の構築（総務省重点施策2020）」を公表した。この第12項「2040年頃を見据えた地方行政体制の構築」において、「自治体の情報システムの標準化」について、「自治体行政のデジタル化に向け、自治体システムや様式・帳票の標準化を具体的に検討する『自治体システム等標準化検討会』を開催し、自治体の情報システムに係る標準仕様書を作成する」としている。

　そしてロードマップとして、2019年度から標準化に着手し、各行政分野につき原則1年間で標準仕様書を作成し、5年以内にベンダは標準仕様書に記載された機能を標準準拠パッケージシステムのアプリケーションとして、全国的なサービスとして提供するとしている。

　「標準化」は行政デジタル化を加速するために重要であり、同時に複数の自治体の情報システムを集約し、共同利用を行うためには不可欠な要件に他ならない。

　加えて、政府は「行政サービスの質や水準に直結しないシステムのカスタマイズによる重複投資」として、「住民・企業などにとっての不便さ」「個々の自治体やベンダにとっての人的・財政的負担」を挙げている。具体的には、「自治体ごとに様式・帳票が異なることが、それを作成・利用する住民・企業・自治体等の負担に繋がっている」「自治体の情報システムは、その発注・維持管理や制度改正対応などについて各自治体が個別に対応しており、人的・財政的負担が生じている」と

している。

　つまり、「サービス向上」と「効率化」の点から「標準化」が有効と結論付けている。

　政府は、「経済財政運営と改革の基本方針2019」（2019年6月21日、閣議決定）の中で、「地方自治体等の情報システムについては、財源を含めた国の主導的な支援の下で標準化等を進め、また、カスタマイズを抑制しつつ、各団体のシステム更新時期を踏まえた個別団体への助言を含む支援策により、自治体クラウドの広域化や大規模団体のクラウド化を計画的に推進する」としている。

　これは、政府の強力な主導の下で標準化などを推し進めるという方針であって、地方分権の趣旨を踏まえず、地方自治を否定する姿勢に他ならない。

⑵　カスタマイズ抑制は自治の否定

　そもそも地方分権・地方自治は、画一性よりも自立性・多様性を尊重している。

　住民に直接接する自治の現場の判断と責任によって、地域の実情に応じたサービスが提供されているものであって、地域住民に最も効果的なサービスを最も効率的に提供するために各自治体の業務プロセスが構築されていることに他ならない。

　自治体ごとのカスタマイズの抑制を政府は主張しているが、各自治体において住民サービスを考慮したカスタマイズは多数存在しており、これらの排除が住民サービスの低下に直結することは明らかであって、自治体の創意工夫の発揮を阻害する標準化であれば、それはサービス向上には結びつかないものとなる。

　スマート自治体研究会報告書（2019年5月24日）は、適切な標準化・共通化を進めることで業務を効率化し、職員は職員でなければできない、より価値のある業務に注力することをスマート自治体の目指すべ

き姿としている。これは各自治体独自の政策が実現できるような人材
配置を目指しているものであって、標準化・共通化はあくまで自治体
の独自性を確保するための手段にすぎない。

　しかし、政府の「経済財政運営と改革の基本方針 2019」では、自治
体の力を引き出すための手段としての行政の標準化・共通化が、それ
自身が目指すべき目標とされ、地方自治否定で推し進められようとし
ている。

⑶　企業に奉仕する「標準化」?

　また、標準化は住民よりも企業に奉仕する側面が強いものとなって
いる。自治体の枠を超えて活動する住民や企業の利便性向上が目的と
されているが、自治体の枠を超えて活動する主体は住民よりもはるか
に企業の割合が高いことはいうまでもない。

　骨太方針など政府の政策では、自治体のみならず「ベンダにとって
の人的・財政的負担」を問題意識に挙げており、標準化へ向けた関係
者として、自治体・政府の府省に加えてベンダを位置付け、国に対し
て、自治体と事業者の意見を踏まえた標準を設定するように求めるな
ど、行政デジタル化において事業者である企業を優遇する姿勢が目に
つく。

　それは、企業と一体となった行政デジタル化推進に他ならず、デジ
タル・ガバメント実行計画では、2020 年度の取組みとして「契約締結
前に複数事業者と提案内容について技術的対話を可能とする新たな調
達・契約方法の試行」を行うとしたことを見ても明らかである。

　「自前調達式からサービス利用式へ」と称して、標準に則って各事業
者が開発したシステムを全国の自治体が共同利用することで、費用や
負担を軽減し、利便性が向上すると結論付けている。

　しかし、これでは事業者に深く依存した行政運営にならざるを得な
い。

　自治体職員が、「調達仕様書の作成、システムの業者選定・契約締結、システム設計、庁内や他団体との調整」という一連の事務を担うことによって、当該事務への深い理解が形成され、地域の事情を踏まえた最善のシステムが構築されるのではないだろうか。また、個々の自治体の事務であるにもかかわらず、共同化に伴って権限と責任の所在は不明確となり、議会の関与も事実上担保されないなど、住民自治・地方自治の観点からも問題がある。

　「経済財政運営と改革の基本方針 2019」では、「国及び地方自治体等の情報システムやデータは、集約・標準化・共同化し、原則、オープンな形で誰もが利用でき、キャッシュフローを生み出す『公共財』となるよう設計する」と明記しており、政府が行政デジタル化を経済対策、企業の利益確保の手段に位置付けていることは明確である。このことは、住民サービスの向上や地方自治・住民自治といった行政の目指すべき方向をないがしろにしている背景に他ならない。

4　「クラウド化」をめぐる問題点

⑴　「クラウド化」により情報流出被害大きくなる？

　「経済・財政再生計画　改革工程表」（2015 年 12 月 24 日経済財政諮問会議とりまとめ）では、クラウド導入市区町村数を 2017 年度末までに倍増（約 500→約 1000 団体）させるという目標を設定し、2018 年 4 月時点で 1060 団体導入と目標が達成されている。

　2019 年 4 月 1 日時点で、1182 団体・65.9％ の市区町村が導入しているが、2 団体以上が共同で実施する自治体クラウドは 82 グループ・497 団体である。当該市区町村が単独で実施する単独クラウドの割合の方が多い現状にあり、「世界最先端デジタル国家創造宣言」（2018 年 6 月 15 日閣議決定）において設定された「2023 年度末までにクラウド導入団体を約 1600 団体、自治体クラウド導入団体を約 1100 団体にす

る」との目標からは乖離がある。

　地方公共団体情報システム機構が作成した「地方公共団体における
クラウド導入の取組」では、以下の6つを自治体クラウドのメリット
として挙げている。

　①「コストの削減」：情報システムを共同化・集約化することで「割
　　り勘」効果が働き、システム運用コストの大幅削減が見込まれる。

　②「管理・運用業務の軽減」：情報システムを共同化・集約化するこ
　　とで、システムの管理・運用に必要な人員や業務の負担が軽減さ
　　れる。

　③「業務効率化」：業務プロセスの標準化により、業務の効率化が期
　　待できる。

　④「セキュリティの確保」：年中無休の有人監視、厳重な入退館管理
　　等で高いセキュリティが確保。

　⑤「住民サービス向上」：行財政運営効率化で、浮いた資源を住民サ
　　ービスに再投資。

　⑥「災害対応強化」：堅牢なデータセンター利用で重要情報の保全性
　　が高まり、災害時も迅速な復旧が可能となる。

　まさに自治体クラウドがバラ色に描かれているが、個人情報保護お
よび効率化の面で問題が懸念される。

　現在の番号制度においては、個人情報は各自治体しか保有していな
いことになっている。個人番号自体は、自治体間では共有せず、あく
までも各自治体内で情報を管理し、符号を利用して必要な情報のみ照
会・提供を行うこととなっている。これは個人情報保護を図るうえで
重要なリスクの分散管理を趣旨とした対応に他ならない。

　情報流出等の事件事故においても、システム障害においても、各自
治体が情報システムを庁舎内で保有・管理している限りは、当該自治
体に被害は限定されるが、クラウドは複数の自治体の情報をまとめて

保管しており、その被害は拡大するものである。

　このことは、各自治体が保護すべき住民の個人情報に対して責任を負えないことを意味する。

⑵　「クラウド化」は自治体業務の真の効率化となるか？

　「クラウド化」は、「コストの削減」「管理・運用業務の軽減」「業務効率化」といった効率性の面においても懸念がある。

　ベンダーロックインとは「特定の事業者がユーザーを自社製品で囲い込むこと」を言い、情報システムにおいては自社の製品やサービスを組み込むことで、他社への切替えが困難になることである。クラウドの利用も、クラウドを通じた行政アプリケーションの利用も、利用開始後には他社への切替えが困難となることは明らかである。

　クラウドの共同利用が拡大した場合、巨大ベンダーロックインに陥るおそれがある。共同利用の拡大と標準化の進行は、事業者の競争環境確保に相反するものであり、将来的な価格水準の上昇など、コスト削減に反する事態も生じかねない。また、詳細な仕様が事業者にしか把握できない状況、運用に係る事務処理もクラウド運営者側に任せることになる状況は、発注者である自治体側のコントロールが利かなくなるということに他ならない。

　管理・運用業務の軽減や業務効率化を追求した結果、自治体としての事務処理能力と権限を実質的に失うことが懸念される。

2 戸籍法の一部を改正する法律と今後の戸籍事務

神部栄一

はじめに

2019 年 5 月 31 日、戸籍法の一部を改正する法律が公布され、段階的に施行されることとされた。これにより、戸籍情報の管理や利用の仕方などに大きな変革がもたされることになる。そこで、本稿では改正法の概要を紹介し、戸籍事務の変革と今後の課題などについて考察したい。

1 これまでの戸籍情報の管理

戸籍は夫婦と同じ氏の子ごとに編製され、日本人の親族的身分関係を登録し公証する役割を持っている。戸籍事務の管掌者は市区町村長であり法定受託事務とされている。戸籍は紙媒体で管理されてきたが、1994 年 12 月から電子情報処理組織により取り扱うことができることとされ、2019 年末までに戸籍事務を取り扱う全国 1896 市区町村のうち東京都御蔵島村を除きコンピュータ化がされている。しかし、コンピュータ化される前に除かれた戸籍（除籍や改製原戸籍）など、テキストデータ化されていないものも大量に存在している。各市区町村の戸籍情報システムは原則的にネットワーク化されていないため、戸籍又は除かれた戸籍の謄本又は抄本（以下、「戸籍謄本等」という）の請求は、本籍地の市区町村にすることになる。

また、各市区町村において、戸籍又は除かれた戸籍の副本を調製し（戸籍法第 8 条）、管轄の法務局で保存され、正本が火災等で滅失した際の再製資料等として利用されてきた。東日本大震災では正本と副本が同時に滅失する危険があったことから、法務省は戸籍法施行規則を

改正して副本情報管理システムを構築し、2013 年から運用している。そして、市区町村長はコンピュータ化された戸籍又は除かれた戸籍に記録したときは、当日の業務終了後に抽出し、総合行政ネットワーク（LGWAN）を通して全国 2 ヵ所に設置されている副本データ管理センターに送信している。このため、副本には正本とほぼ同一内容の情報が管理保存されていることになる。副本情報管理システムにはコンピュータ化前の紙媒体の除かれた戸籍等のイメージデータも管理保存されている。

2　戸籍法の一部を改正する法律の概要

(1)　改正法の概要

　今般公布された戸籍法の一部を改正する法律（令和元年法律第 17 号）は、行政手続における特定の個人を識別するための番号の利用等に関する法律（番号利用法。以下、「マイナンバー法」という）による情報連携に戸籍情報を追加することと、戸籍事務内の連携を図ることの二つを柱としている。このため、戸籍法以外にもマイナンバー法など関連する法律の改正も行われた。本稿において法律の条文を紹介する場合、特に断らない限り施行後の条文である。

　前者のマイナンバー法による情報連携については、副本情報管理システムの仕組みを活用した新たなシステム（戸籍情報連携システム）を構築して、戸籍に記載された各人の個人単位の情報（戸籍関係情報作成用情報）を整備し、そこから作成する戸籍関係情報を連携対象に追加することが可能になるとされている。このことにより、行政手続きにおける戸籍謄本等の添付を省略できるようになるとされる。後者の戸籍事務内の連携については、戸籍情報連携システムを利用し、本籍地以外での戸籍謄本等の発行を可能にするなど、戸籍の証明や届出事務に活用できるようになるとされている。そして、この両者は 5 年以内

に施行することとされている。

　この他、戸籍事務についての市区町村長や管轄法務局長の調査権に関する規定の新設、戸籍訂正手続の見直し、死亡届の届出資格者に任意後見受任者を追加するなどの戸籍法の改正がされ、すでに施行されている。

(2)　マイナンバー法による情報連携

①　情報連携に適合する戸籍情報作成の必要性

　マイナンバー法による情報連携は、情報提供ネットワークシステムを介して各行政機関が事務に必要な範囲で特定個人情報の照会と提供がされる仕組みとされている。戸籍情報について情報提供ネットワークシステムを用いて情報連携するためには、マイナンバー法の規定に則る必要がある。すなわち、情報連携の対象となる特定個人情報には、個人情報保護の観点から氏名、生年月日、性別及び住所（基本4情報）といった個人を特定しうる情報を含めない運用とされている。そうすると、戸籍には氏名、出生の年月日、父母との続柄等の基本4情報が記載されているため、戸籍の情報をそのまま情報連携に使うことはできないことになる。また、情報連携の対象となる特定個人情報はあくまでその個人の情報であるため、戸籍謄本等によって確認するある個人の親や配偶者は誰であるといった情報を対象とすることはできないとされている。このため、戸籍に関する情報を情報連携の対象とするためには、戸籍又は除かれた戸籍に散在している情報を個人単位に整理の上情報連携に適するものに整備することが必要となる。

　そこで、前述の戸籍副本データ管理システムの仕組みを発展させた新たなシステム（戸籍情報連携システム、図Ⅱ-2-1参照）を構築し、これを利用して戸籍の副本の情報を基礎として、情報連携の対象となるべき個人単位の戸籍の情報（戸籍関係情報）を作成し、他の行政機関に提供することとされている。

図Ⅱ-2-1　戸籍情報をめぐる連携のしくみ

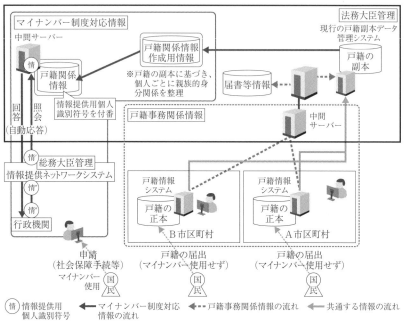

（出所：法務省が市区町村に行った説明資料に一部加筆）

②　戸籍関係情報の概念とその内容

　戸籍関係情報は、マイナンバー法第9条第3項（同項施行までは第45条の2第1項）で定義がされ、戸籍又は除かれた戸籍の副本の記録された情報から作成される各人の親族的身分関係に関する情報と、当該各人に対応する情報提供用個人識別符号とが一体となった情報を指す概念とされている。戸籍関係情報は以下の三つを構成要素とするものとされている。

ア　副本の情報から電子計算機処理等により作成

　戸籍関係情報は、まず、磁気ディスクをもって調製されている戸籍又は除かれた戸籍の副本に記録されている情報で、電子計算機処理等

を行うことにより作成することができるものとされている。すなわち、テキストデータ化されている、コンピュータ化後の戸籍又は除かれた戸籍の副本に記録されている情報を基礎に作成されるものである。

　2019年末までに全国の戸籍事務を取扱う市区町村では、東京都御蔵島村を除き、戸籍のコンピュータ化は実施されているものの、近年になって実施した市区町村もある。副本にはコンピュータ化前の紙媒体の除かれた戸籍も保存されているが、イメージデータでありテキストデータ化はされていない。また、戸籍のコンピュータ化を実施した市区町村においても、コンピュータ化前の紙の戸籍に記載されている氏名の文字が誤字である場合、戸籍をコンピュータ化すると対応する正字に訂正されるため、これを望まず紙の戸籍のまま残されている戸籍が存在する。これらの戸籍又は除かれた戸籍に記載された情報を情報連携の対象とするためには、経費をかけて戸籍又は除かれた戸籍をテキストデータ化する必要がある。さらに、マイナンバー法の規定が適用された2015年10月以前に死亡した者には、そもそも12桁のマイナンバーが附番されていないため、情報連携の対象にはできない。

　これらのことから、戸籍関係情報による情報連携は、情報提供について当面一定の限界があるとされている。

イ　親族関係等の存否と形成等の情報

　次に、戸籍関係情報の内容に係わってである。マイナンバー法の委任を受け、法務省令（令和元年法務省令第3号）では、戸籍関係情報とは親子関係、婚姻関係、未成年後見関係の存否及び形成に関する情報、死亡の事実に関する情報、国籍の存否に関する情報とされている。

　このうち、親子関係等の存否に関する情報とは、ある特定の二者間に親子等の関係があるかどうかに関する情報とされている。その仕組みとして、例えば、親子関係にあるAとB双方に同一の記号を付し、情報連携に際しては、情報提供者がAとBそれぞれに対応するこの親

子関係符号を提供し、提供を受けた情報照会者は各人の親子関係符号を突合し、一致するかどうかで親子関係の確認をすることを想定している。このような仕組みにした理由は、前述のように、情報連携では特定個人情報はあくまでその個人の情報であるため、他者の情報を連鎖的に取得することができないからとされている。

　また、親子関係等の形成に関する情報とは、これらの関係の形成（離婚などによる婚姻関係の解消など消極的な身分関係の形成も含む）の発生原因事実及びその日時に関する情報で、当該関係の相手方が誰かであるといった情報は含まないとされている。例えば、A についていつ結婚したかの情報は確認できるが、誰と婚姻したかの情報は含まないとされている。

ウ　情報提供用個人識別符号を含む

　マイナンバー法による情報連携では、情報提供ネットワークシステムを介して各行政機関が事務に必要な範囲で特定個人情報の照会と提供がされることになるが、個人情報保護の観点から照会には 12 桁のマイナンバーそのものは用いず、情報提供用個人識別符号を使用することとされている。情報提供用個人識別符号は、12 桁のマイナンバーと一対一に対応し、行政機関ごとに異なる符号とされている（広義のマイナンバーで行政機関ごとに割り振られているため、機関別符号ともいう）。そして、戸籍関係情報は情報連携に使用するものであるため、情報提供用個人識別符号をその内容に含むこととされている。

　なお、戸籍自体に 12 桁のマイナンバーや情報提供用個人識別符号を持たせるのではないとされている。

③　戸籍関係情報の提供対象事務

　戸籍関係情報を情報連携の対象とする事務は、マイナンバー法別表第 2 に規定する 120 項目のうち 45 項目とされており、具体的な行政事務については今後主務省令で定めるとされている。現時点で対象とす

ることが想定される事務としては、健康保険の被扶養者の認定・検認、国民年金・厚生年金の未支給年金の支給、児童扶養手当の認定、奨学金の貸与・支給に関する事務や、公営住宅の優先入居の要件の確認などとされている。

(3)　戸籍事務内の連携

戸籍事務の管掌者は市区町村長であり、戸籍のコンピュータ化が実施されても、そのシステム（電子情報処理組織）は各市区町村が管理しネットワーク化はされてこなかった。今般の法改正では、この電子情報処理組織について、法務大臣が使用する電子計算機と市区町村が使用する電子計算機とを電気通信回線で接続したものと定義された（戸籍法第118条第1項）。そして、前述の戸籍副本データ管理システムの仕組みを活用して構築する新たなシステムにより、各市区町村は戸籍事務に必要な範囲内で戸籍又は除かれた戸籍の副本の参照等が可能になり、次のような戸籍事務内の連携を行うこととされた。

①　戸籍謄本等の広域交付

戸籍謄本等の請求は、これまで本籍地市区町村だけにしかできなかったが、今般の法改正により構築される新たなシステムを活用し、戸籍又は除かれた戸籍が磁気ディスクで調整されている場合、全国どこの市区町村にもできることとされた（広域交付。戸籍法第120条の2第1項）。広域交付は、戸籍法第10条第1項に規定する本人等（戸籍に記載されている者又はその配偶者、直系尊属若しくは直系卑属）が市区町村の窓口において請求する場合に限定され、郵送や代理人による請求、弁護士等による職務上請求は対象外とされている。

広域交付により、相続などの場面で戸籍謄本等の取得が容易になるなどの効果が期待されている。

②　戸籍電子証明書の制度

今般の法改正では、戸籍法第10条第1項の本人等請求について、新

たに戸籍電子証明書（コンピュータ化された戸籍又は除かれた戸籍の全部又は一部を証明した電磁的記録）を発行することができることとされた。具体的な運用として、行政機関に提出すため、市区町村に戸籍電子証明書の請求があった場合、新たなシステムを利用して戸籍を特定し、提出先の行政機関が戸籍電子証明書の情報を閲覧するために必要となる戸籍電子証明書提出用識別符号（パスワード）を請求者に発行する。そして、請求者は行政機関に戸籍謄本等の代わりにその符号を提出し、行政機関は閲覧用のサーバーにアクセスして戸籍電子証明書の提供を受けることになる（戸籍法第120条の3）。なお、この符号は改正法施行当初は市区町村の窓口で発行手続を行うことになるが、オンライン手続きにより発行することも可能とされている。戸籍電子証明書の制度はマイナンバーに基づく戸籍関係情報の提供を補完する役割としても位置付けできるとされている。

③　戸籍届出における戸籍謄本等の添付省略と届書情報の電子化

　婚姻等の届出が市区町村にされた際、その受理判断のために当事者の戸籍の情報を確認する必要があり、当事者の本籍が届出先の市区町村にないときは戸籍謄本等の提出を求め、又は本籍地に電話照会若しくは戸籍謄本等の公用請求を行うなどの対応を必要としてきた。今般の法改正により構築する新たなシステムにより、戸籍又は除かれた戸籍の副本の参照等が可能となる。このため、届出の際、戸籍謄本等の提出を要しないこととされている。

　さらに、市区町村は戸籍の届出を受理した際、届出のあった市区町村以外の市区町村で戸籍の記載をすべきときは、これまで受理した市区町村において届書等の謄本を作成して送付し、記載後の届書等は管轄の法務局に送付し保管してきた。この事務についても電子的に取り扱うこととされ、届出等を受理した市区町村は、スキャナで電磁的に画像情報化した情報（届書等情報）を作成し、法務大臣が使用する電子

計算機に送信し、法務大臣は保存する（戸籍法第120条の4）とともに、戸籍を記載すべき市区町村に通知をする（戸籍法第120条の5第1項及び第3項）こととされた。これにより、戸籍を記載すべき市区町村は、届書等情報を参照し記載することができるとされている。

3　改正法施行による戸籍事務の変化

(1)　戸籍の証明事務

　今般の法改正による取扱いが順調に機能した場合、市区町村の戸籍の証明事務はさまざまな影響を受けるものと考えられる。すなわち、マイナンバーに基づく情報連携により、対象とされる行政手続において順次戸籍謄本等の提出が不要となる（図Ⅱ-2-2参照）。また、旅券等についても将来戸籍電子証明書の制度の利用が考えられ、戸籍謄本等の交付請求件数は、本人等請求として請求されるものを中心に全体としては減少していくと考えられる。近年全国の市区町村で取扱いが進められている戸籍謄本等のコンビニ交付も、対象が請求者本人のものであるため、取扱いは減少傾向になると思われる。他方、戸籍謄本等の広域交付は相続手続き等で広く利用され、交通の便の良い特定の市区町村の窓口に請求が集中することも考えられる。

　また、今後対応が必要となる新たな課題が考えられる。例えば、DV等被害者への支援である。DV被害者等の住所が加害者に探索されないよう、各市区町村では加害者等への住民票や戸籍の附票の交付をしない取扱いをしているが、戸籍は住所情報が記載されていないため対象外とされてきた。しかし、戸籍の本籍が住所と同一又は類似している場合、戸籍の記載事項から住所が探索されることがありうる。そこで、DV被害者等が記載されている戸籍について加害者から請求がされた場合、慎重に審査し請求が不当であることが明らかであるときは不交付とする対応が始められている。現時点では基準や根拠も明確に

図Ⅱ-2-2　戸籍法が改正されてできるようになること

＊戸籍法の一部を改正する法律（令和元年法律第 17 号）は、令和元年 5 月 24 日に成立しました。

第 1 ─ 各種の社会保障手続で、マイナンバー制度を利用して戸籍謄抄本の提出を省略することができます

各種の社会保障手続の際に記載していただいているマイナンバーを利用することにより、窓口機関において、親子関係や婚姻関係等を確認することが可能となるため、従来これらの手続で提出が必要だった戸籍謄抄本の添付が省略できます（※）。

（具体的な手続の例）
・児童扶養手当の支給事務における続柄・死亡の事実・婚姻歴の確認
・国民年金の第 3 号被保険者（被保険者に扶養されている主婦など）の資格取得事務における婚姻歴の確認
・奨学金の返還免除事務における死亡の事実の確認
・健康保険の被扶養者の認定事務における続柄の確認　　など
※ケースによっては、引き続き戸籍謄抄本の添付が必要な場合もあります。

第 2 ─ 戸籍の届出や戸籍謄抄本の取得も便利になります

① 戸籍の届出における戸籍謄抄本の提出不要化

婚姻届や養子縁組届など様々な戸籍の届出の際に、戸籍謄抄本の提出が不要となります。

さらに　提出していただいた戸籍の届書（婚姻届など）を電子化し、戸籍事務が効率化されることにより、速やかに新しい戸籍謄抄本が発行できるようになります。

② 本籍地以外の市区町村での戸籍謄抄本の発行

本籍地が遠隔にある方でも、お住まいの市区町村や勤務先の最寄りの市区町村の役場の窓口において、戸籍謄抄本を取得することができるようになります（新戸籍法第 120 条の 2）。

ご自分の戸籍のほか、配偶者、父母、祖父母、子の戸籍の謄抄本も取得が可能です。

さらに　オンライン上で行政手続をする際に利用可能な戸籍の証明書として、新たに、「戸籍電子証明書」を発行可能とします（新戸籍法第 120 条の 3）。

今後、どのような手続において活用するかは関係府省において検討中です。

※新たな制度の運用は、令和 5 年度中の開始を予定しています。

（出所：法務省ホームページより）

されてないこともあり、各市区町村では対応に苦慮しているが、その前提として戸籍謄本等の交付審査の際、DV 等被害者であることとその者の住所情報等が必要である。本籍地で戸籍謄本等を交付する場合、これらの情報は戸籍の附票情報から確認できるが、広域交付により本

籍地以外の市区町村で戸籍謄本等を交付する際、どのように確認をするのかといった課題である。

⑵　戸籍の届出事務

　戸籍事務内の連携により、戸籍の届出事務が効率化し事務処理の流れも変わると考えられる。届出の受理審査において、事件本人等の本籍が届出市区町村にない場合、これまでの戸籍謄本等の添付に代えて新たに構築されるシステムから戸籍の副本情報を参照してすることとなる。また、届出受理後、届書及び添付書類はスキャニングして届書等情報を作成し、法務大臣に送信することになるので、管轄法務局や戸籍の記載を要する市区町村が他にある場合の届書の謄本作成と発送は必要がなくなる。また、届出地以外の戸籍の記載を要する市区町村においても事務処理を迅速に行うことができるようになると考えられる。

⑶　戸籍事務の民間委託等への影響

　法務省は、戸籍事務のうち事実上の行為又は補助的業務について、市区町村の職員が常駐し不測の事態等に際し臨機適切な対応が行える体制が確保されていれば、民間委託しても戸籍法上問題はないとし、その範囲を通知している（平成25年3月25日付け民一第317号通知）。さらに、「戸籍事務の民間委託に関する Q&A」（平成27年3月31日付け民事局民事第一課補佐官事務連絡）が示され、317号通知で事実上の行為又は補助的業務とされているものの中にも職員が行わなければならない判断業務が数多くあることが明らかにされている。全国の市区町村で戸籍事務の民間委託が進んでいる実情にあるが、この Q&A を遵守すれば、本来、民間委託は部分的限定的にならざるを得ないものである。

　他方、2018年4月1日地方独立行政法人法が改正され、戸籍の証明事務など市区町村の窓口事務について、地方独立行政法人に委託する

ことが可能とされた。民間委託とは異なり、公権力の行使を伴うものであっても定型的なものである場合は委託が可能とされている。具体的には、戸籍謄本等の交付請求において、本人等及び公用の請求については委託可能であるが、第三者及び弁護士等の職務上請求の交付判断は委託の対象外とされ、ここでも委託は部分的限定的にならざるを得ないとされている。

　今般の改正法の施行により、戸籍の証明と届出の事務は、事務の内容や処理工程、事務室内の配置等が相当程度変わることが想定される。このため、戸籍事務の民間委託等が可能な業務についても見直し等がされることも考えられる。

4　法改正をどう見るか

⑴　行政手続き等における利便性の向上

　今般の法改正により、行政手続きで戸籍謄本等の提出が不要になり、戸籍謄本等の取得も容易になるなど、利便性が向上するとされている。

　まず、マイナンバー法に基づく戸籍情報の連携対象となる事務について申請等に当たって戸籍謄本等の添付が不要になっていくことになる。

　戸籍事務内の連携による戸籍電子証明書については、具体的には旅券の発給申請事務に使うことが想定されている。旅券の発給申請の際、申請者は戸籍謄本等に代えて、戸籍電子証明書提出用識別符号（パスワード）を提出で済ませることができるとされる。なお、旅券事務がマイナンバー法に基づく戸籍情報の連携の対象とされていないのは、税、社会保障、防災というマイナンバー法の範囲と異なるためと言われている。

　また、戸籍謄本等はこれまで原則として本籍地に請求することとされてきたが、広域交付により、本人等請求の範囲の戸籍については全

国の市区町村の戸籍の窓口で請求できるようになる。とりわけ相続手続きにおいては、一般に被相続人の出生から死亡までのすべての戸籍や除かれた戸籍と相続人全員の戸籍等の謄本が必要とされ、本籍地が異なる場合、それぞれの本籍地に郵送等の方法で請求する必要がある。戸籍謄本等の広域交付により、相続人が配偶者と子など直系卑属である場合、一ヵ所ですべてが取得できることになる。

　さらに、戸籍の届出について、これまで届出をする市区町村に本籍がない場合、届出の種別により戸籍謄本等の提出が必要とされてきた。しかし、戸籍事務内の連携により、その提出を要しないことになる。

⑵　戸籍情報の国への集積と安全保護措置

　戸籍事務は市区町村長が管掌し、戸籍情報システムは原則として各市区町村で管理され、ネットワーク化されていない。また、副本は当該市区町村管轄の法務局が保管し、戸籍が滅失した際の再製資料等として使われてきた。法務大臣が管理している副本情報管理システムも同様の位置づけとされてきた。

　前述のように、今般の法改正により戸籍副本データ管理システムの仕組みを活用した新たなシステムを構築し、マイナンバー法に基づく情報連携と戸籍事務内の連携を進めることとされ、戸籍情報の管理は大きく変容する。

　マイナンバー法に基づく情報連携では、戸籍関係情報作成用情報が作成され利用される。この情報は全国民について個人単位で親族的身分関係を整理した膨大なもので今後新たな情報が蓄積されていく。この情報の保護のため、マイナンバー法では、戸籍関係情報の作成以外の目的での利用又は提供を制限し、秘密を保護する規定が設けられ、違反した者への罰則は最高で2年以下の懲役若しくは100万円以下の罰金又はこれの併科（第53条の2、第55条の2）とされている。

　戸籍事務内の情報連携では、市区町村の戸籍事務担当職員は新たに

構築されるシステムを使用して全国の戸籍情報を取り扱うことになる。すなわち、戸籍謄本等の広域交付においては、全国の戸籍が対象であり、戸籍の届出の際も当事者の本籍が届出先の市区町村にないときは、戸籍又は除かれた戸籍の副本の参照等が可能となり、また、受理した届書等についても届書等情報として電子化し戸籍の記載等に利用されることになる。

　そこで、新たに構築されるシステムの秘密を保持するための規定などを設け、違反した者への罰則は2年以下の懲役又は100万円以下の罰金（戸籍法第132条）とされている。また、新たに構築されるシステムの不正利用を抑止するため、不正参照を防止するシステムの構築や証跡ログの保存等をし、戸籍に関する事務に従事する市区町村の職員若しくは職員であった者（委託や再委託の場合も含む）に対し、知りえた事項を不正な利益を図る目的で第三者に提供する行為についての罰則は、1年以下の懲役又は50万円以下の罰金（戸籍法第133条）とされている。

(3)　改正法の施行に伴い危惧される点と今後の課題

　これまで述べてきた今般の法改正による利便性の向上、戸籍情報の国への集積と安全保護措置の状況から想定され危惧される点について触れることにする。

　マイナンバー法に基づく情報連携に係る戸籍関係情報作成用情報は全国民について個人単位で親族的身分関係を整理したものである。いかに安全保護措置や秘密保護の規定があったとしても、その情報が漏えいした場合、多数の個人の権利利益の侵害となり、取り返しのつかない事態となることは明らかである。また、戸籍関係情報作成用情報やそこから作成される戸籍関係情報は、戸籍の副本の情報からコンピュータ処理により作成され、マイナンバー法に基づく情報連携に利用されるものであるが、国民はこれらの情報が正確に作成されているか

照会確認する規定はなく、仮に誤った情報である場合訂正する手立ても明らかにされていない。

　次に、戸籍事務内の連携に係わってである。戸籍事務に従事する職員は、これまで戸籍情報を取扱う対象は、所属する市区町村が本籍地であるものに限定されていたが、戸籍謄本等の広域交付や戸籍の届出事務などにおいて、全国の市区町村の戸籍情報を取り扱うことになる。2019 年 4 月 1 日現在、全国の市区町村における戸籍事務担当職員数は 3 万 9210 人（法務省民事局「平成 30 年度戸籍事件表」）とされ、このほかに、市区町村長の委託により戸籍事務を行っている者がおり、しかも毎年のように異動もある。事故等により戸籍情報の流出や業務目的外利用がされた場合の被害の範囲は格段に大きくなることが想定される。

おわりに

　今般の戸籍法改正は、マイナンバー法による情報連携に戸籍情報を追加することと、戸籍事務内の連携を図ることの二つを柱としている。戸籍事務の管掌者は市区町村長（戸籍法第 1 条）であり、戸籍は夫婦と同じ氏で戸籍を編製する（戸籍法第 6 条）ことや、戸籍は筆頭者の氏名と本籍で表示する（戸籍法第 9 条）ことなど、現行戸籍制度の基本は維持されることになる。しかし、戸籍情報の管理は大きく変容し、国民の戸籍情報は国に集積されていくことになる。

参考文献
・北村治樹、遠藤啓佑　櫻庭倫「戸籍法の一部を改正する法律の概要」、全国連合戸籍住民基本台帳事務協議会編『戸籍』2019 年 9 月及び 10 月号

3　マイナンバーカードの普及と自治体の現場

佐賀達也

1　新型コロナ感染症に乗じたマイナンバーカード普及

　新型コロナ感染症に対する緊急事態宣言の発出に伴う営業自粛やステイホームの要請など、感染拡大防止対策として講じられた様々な措置は、経済活動再開の妨げになると次々に緩和された。そして、皮肉にも政府や都知事が言う「新しい日常」或いは「with コロナ」の定着の掛け声に合わせるかのように感染拡大が東京都から近隣3県へ、そして全国に広がっている。また、時期を同じくし「令和2年7月豪雨災害」が発生し、広範囲かつ深刻な被害に係る被災地域の復旧・復興にも、新型コロナの影響が影を落としている。

　緊急事態宣言の長期化を招いた要因の一つとして、2020 東京オリンピック・パラリンピック開催の固執など、経済効果を優先させようとした政府や都知事の姿勢（初動対応の遅れなど）があげられる。しかし、政府はその失策を「スマート自治体への転換」の遅れ（行政手続きのオンライン化やキャッシュレス決済普及の遅れ）にあると自治体へ責任転嫁し、コロナ危機のもとでの行政手続きの円滑化などを口実に掲げて、マイナンバーカードの取得推進に拍車をかける動きを強めている。

　政府が7月に公表した「2020 骨太方針（原案）」では、ⅰ年金や各種給付金の申請・受け取りにマイナンバーカードを活用しオンラインで完結する仕組みの検討、ⅱ国による住民情報の一元管理を助長する国と地方自治体を結ぶオンラインシステムの統一、ⅲ行政が有する住民情報（データ）の民間活用につながりかねない官民共通のデータ基盤づくりなどがあげられている。これからの1年を「集中改革期間」と位置づけ、「コロナ危機」に乗じて経済成長戦略としての「行政のデジ

タル化」とマイナンバーカードの普及をセットで進めようとしている。行政に携わる者として、主権者たる住民合意に基づく「行政のデジタル化」をすべて否定するものではない。すでに自治体行政に関わるあらゆる場面において、オンラインによる文書管理やOA化による施設の集中管理の導入など、行政運営のデジタル化はすすめられてきた。

　一方、政府がめざす経済成長戦略としての「行政のデジタル化」に果たすマイナンバーカードの役割は、行政が有する住民情報（データ）と民間が有する金融情報や医療機関が有する医療情報などを結び付ける「唯一無二の特別なツール」としての機能がねらいであろう。問題は結び付けた個人情報をどこが責任を持って管理し、誰がどの局面で活用するかということである。成長戦略が優先されれば、一元管理された情報は、住民の福祉より企業活動を後押しするため民間に活用されていくことは容易に想像でき、個人のプライバシーが危険に晒される。

　「コロナ危機」の最中、人と会うことを極力抑えるために講じられた感染拡大防止対策は、これからの私たちの働き方や生活のあり方までも変えつつある。

　インターネットを活用しての在宅勤務の促進やオンライン会議、あらゆる場面でのオンライン申請やキャッシュレス決済の活用、スマートフォン端末を用いた公的アンケートの実施や位置情報を活用した混雑度の分析、厚生労働省による新型コロナウイルス接触確認スマートフォンアプリ「COCOA」の導入など、機器や通信網が発達した現代において、社会のデジタル化の推進は、避けては通れないもののようにさえ映る。

　しかし、これらはあくまでも人と接触する機会を極力抑えるため、あるいは「コロナ危機」の最中にやむを得ず必要となるツールに過ぎず、すべてがコロナ後にも有益なものとは言えないのではなかろうか。

　雇用調整助成金の申請の際に発生した情報漏えいなどの度重なるトラブルや申請の集中に伴うシステム処理能力の脆弱性、新規導入アプリの不具合など、AI や ICT だけに依存する行政のデジタル化に対する懸念も浮き彫りとなっている。同時に公共性・公益性が求められる行政の仕事は、人を介しないとできない仕事（エッセンシャルワーク）であることに住民の理解もすすんでいる。

　そもそも、行政が有する住民情報（データ）の活用は、住民合意に基づく地方自治の範囲で厳格に取り扱われなければならない。この点は、国及び地方公共団体の責務であることが個人情報保護法でも明確にされている。マイナンバーカードの発行枚数は 2020 年 6 月 1 日現在で 2135 万 5669 枚、普及率は 16.8% にとどまっている（総務省資料より）。政府が躍起となり定額給付金のオンライン申請を推奨したことなどで、多少普及率が伸びたようにも映るが、それでも未だ低い水準に留まっている。

　以下、本稿では、マイナンバー制度の仕組みとその問題点を自治体現場の実態に照らして考えてみたい。

2　マイナンバー制度の仕組みと基本的問題点

⑴　マイナンバー制度の仕組み

　マイナンバー制度とは、2013 年に成立した「行政手続における特定の個人を識別するための番号の利用等に関する法律」（以下、マイナンバー法）により、住民が行政手続きを行う際に使う個人番号制度のことである。住民基本台帳に登録されている住民一人ひとりに 12 桁の番号が付けられ、2016 年 1 月から運用されている。

　マイナンバーカードは IC チップが組み込まれたカードで、そこに名前、性別、生年月日、住所とマイナンバー、本人の顔写真が示されている。カードは、住民が申請手続きをすることで取得することができ、

身分証明書として使える。また、電子証明（暗証番号）の申請をすれ
ば、自治体の各種サービスの申請や、旅券や年金などの手続き、税金
の申告などで使える。これを「公的個人認証」と呼ぶ。さらに今後は、
民間情報を組み込んで利用しようという計画がある。

　政府は制度施行後、さまざまな推進策によってマイナンバーカード
の普及推進を図ってきたが、以下に指摘するような問題や国民の不安
もあり、思惑通りには進んでいない。

⑵　マイナンバー制度の基本的問題点

　マイナンバー制度はスタート時から、「ひとたび個々の住民のデータ
集積ツールとして活用されはじめれば、ⅰ住民の行政情報、個人の思
想信条や嗜好、資産や健康状態などの個人情報がシステム上で国に一
元管理されることにつながる、ⅱその結果、地方自治の役割が狭めら
れ、自治体は国の要請に従い住民を監視する業務を担わされることに
なる、ⅲ地方自治と自治体職員（自治体労働者）の役割を変えられかね
なくなる」と指摘されてきた。住民の権利に係る問題としても、給与
所得等に関わる「市町村民税・都道府県民税の決定・変更通知書」へ
のマイナンバー印字の弊害や DV 被害者情報など漏えいの懸念、戸籍
事務職場の情報伝達の問題などがあげられる。

　そして何より、普及が進まない最大の理由は、住民が制度の必要性
を求めていないという事実である。これは、憲法の理念である国民主
権や基本的人権の尊重、平和のうちに生存する住民の権利を否定しか
ねない問題であることを、多くの国民が理解しているからに他ならな
い。

　カードの利活用という点では、2021 年 3 月からのマイナンバーカー
ドの健康保険証利用を見据え、単位共済組合を使った公務員とその家
族へのカード取得の「強制」という、職員のカードを持たない権利を
侵害しかねない問題がおきている。この問題は、単に地方公務員とそ

の家族の権利問題に留まらず、協会けんぽ加入者や国民健康保険加入者などへの波及が懸念される問題でもある。

3　公務員のマイナンバーカード一斉取得をめぐって

⑴　総務省通知と組合の要請行動

2019年6月4日の「デジタル・ガバメント閣僚会議」で「マイナンバーカードの普及とマイナンバーの利活用の促進に関する方針（案）」が確認されたことを受け、総務省は地方公共団体及び各公務員共済組合あてに「デジタル・ガバメント閣僚会議決定を踏まえた地方公務員等のマイナンバーカードの一斉取得の推進について」を通知した。

自治体に働く職員の組合である自治労連では制度発足時から、マイナンバーを窓口で取り扱う自治体労働者（自治体職員）の立場から、制度そのものの問題点の指摘はもとより、住民の権利を守るために、内閣府・総務省に対する要請に取り組んできた。

公務員への一斉取得通知を受け、自治労連は各地方組織や単組による都道府県・自治体及び共済組合事務局への要請を行うとともに、通知を発した総務省に対して「強制しないこと」を求めた。具体的には、「ⅰ法律上、カード取得の義務付けはなく、カード取得の強制はできない。ⅱ強制でない以上、通知に従わない共済や自治体があっても不利益が及ぶものでない。ⅲマイナンバーを取得しない職員に不利益は生じない（取得しない権利が保障されるべき）、ⅳフォローアップとして行われようとしている取得状況調査が結果として、憲法に保障された『内心の自由』に踏み込む行為であり調査は行うべきでない」などである。

総務省は、「ⅰ強制できるものでなく、あくまでもお願いである。ⅱ・ⅲ取得しない職員や共済組合に不利益を及ぼすものではない。ⅳ取得状況の把握は同意し回答する人を想定している」と回答した。こ

　の要請のなかで、カードの取得はあくまでも任意である、申請しない
ことでのデメリットは生じない、それぞれの判断が尊重されるべきこ
となどを確認し、マイナンバーカードの取得はあくまでも任意である
ことを明確にさせた。

⑵　マスコミも拙速な公務員を対象とする取得促進に警鐘

　運動を組織内に留めず、マスコミ取材にも積極的に対応したことで、
2019 年 8 月 20 日に東京新聞がマイナンバーカードの一斉取得問題を
報じた。これを機に、多くのメディアでマイナンバーカードの普及を
押し通そうとする政府や総務省の姿勢に警鐘を鳴らす報道が続くこと
となった。

　朝日新聞は 9 月 10 日の社説で、マイナンバーカードを持つ人を対象
とするキャッシュレス決済でのポイント還元策に対し、「バラマキに近
いカード普及策は再考すべき」と指摘し、「マイナポイント（後述）で
国民の気を引こうとするのは論外だ」と報じた。9 月 20 日には東京新
聞が「進む一体化、公務員は半強制、需要ないのにあの手この手」と
特集記事を組み、愛知・豊橋市職労への取材に基づき、マイナンバー
カードを活用した出退庁管理システムの導入の実態や、マイナンバー
カードを持ち歩く危険に対し判然としない総務省の姿勢を質した。

⑶　地方公務員等共済組合法の規程改正

　単位共済組合を使い、見切り発車といえるやり方で一斉取得をすす
めようとした国は、9 月 6 日に「国家公務員等共済組合法の施行規程」
を、9 月 27 日に「地方公務員等共済組合法の施行規程」を相次ぎ改正
した。これにより、自治労連が指摘してきた単位共済組合が有する個
人情報の目的外利用にあたるとの指摘に対し、遡って目的外利用を免
罪するかのような規程に書き換えたのである。

　この規程の改正により、各単位共済組合は「申請が円滑に行われる
よう必要な支援を組合員に対し、及び直接又は組合員を通じてその被

扶養者に対し、一斉取得ができる」ようになった。あわせてこの解釈をもとに、各共済組合が送付するマイナンバーカード取得申請書に予めマイナンバーを印字できるようにした。

　まさに、政府が決めたことなら「ルールは後から書き換えればそれで済む」といわんばかりに後出しで、しかも国民の目に見えない形で規則を改正した瞬間だった。

⑷　規則改正後に再び「強制」しないことを要請

　突然のルール変更を受け、自治労連は 2019 年 10 月 15 日に総務省との要請に臨み、「ⅰ取得しない職員に不利益が及ぶことはない、ⅱフォローアップ結果で自治体間を競わせるようなことはしない、ⅲ地方公務員とその家族に対し、予めマイナンバーを印字しての申請書の送付は行わない」ことの再確認を求めた。

　これに対し、総務省は「ⅰ義務でもないので不利益やペナルティが及ぶことはない。ⅱ政府文書でも取得状況のフォローアップが求められていることを踏まえてのもので、（調査は）自治体に申請取得状況を競わせるものではない。ⅲあらためてマイナンバーを印字して実施することは考えていない」と回答した。

　しかし、自治労連には、職場や公務員の家族から「なぜ別人格であるはずの子どもたちの個人情報まで供出させられなければならないのか」などの相談がたびたび寄せられた。

　それは、少なくない自治体において、ルールを顧みない首長や幹部職員によって、総務省の回答と乖離する実態がおきていることを明らかにしている。このような公務職場の実態を、朝日新聞は、マイナンバーカード取得に向けた政府のキャンペーンに対する国家公務員の声として「まるでブラック企業だ」と紹介するに至った。

⑸　憲法に保障される「自己の情報をコントロールする権利」

　先述のとおり、マイナンバーカードにはマイナンバー（個人番号）

と顔写真が記載される。プライバシーと深く結びつくカードの取得は、本人の意思が尊重されなければならない（任意性の確保）。その理由が自己の情報をコントロールする権利（基本的人権の尊重）の保障にあることは、憲法擁護義務を負った地方公務員なら誰でもわかることである。総務省も「カード取得は強制ではなく、あくまでもお願いである」あるいは「取得状況の確認もフォローアップの為のものであり、（取得状況を）競い合わせたりするものではない」（2019年10月）といっている。

　しかし、現場にはそれが保障されない残念な現実がある。2020年1月3日の自治日報の記事では、旧自治省出身の井戸兵庫県知事が県内市町村の職員のカード取得状況（2019年10月末現在）を公表し、「さらに（取得促進の対策を）強化しなければならない」と発言し、カード取得推進を県知事として自治体に迫る姿勢を鮮明にした。

　また、1月27日の東京新聞の記事によれば、総務省職員と大学生の息子の「カード取得」をめぐる葛藤が紹介され、「現代社会ではデータは権力」と論理的に取得を拒む息子に対し、父親が職場での肩身の狭さを訴え取得を迫る。不条理を感じつつも「父親が職場で肩身が狭くなるなら取るしかないのかな」と慮り、事実上のカード取得の強制に応じるべきか揺れる息子の切なさを報じ、同時に「普及へ政府強引、用途拡大潜む危険」と自己の情報をコントロールする権利が危ぶまれる懸念を報じた。同日の中日新聞（東海地方版）は「政府、家族までも取得状況調査「公務員『圧力だ』」と、基本的人権の侵害やプロファイリングの問題を指摘した。

　そして4月には、山梨県甲州市と山梨市の消防を担う東山梨消防本部において、マイナンバーカードを取得しなければ人事評価に悪影響を及ぼすという内容のメールを職員に送信していたことが発覚し、同本部を管理する東山梨行政事務組合が取得を強要する不適切な行為だ

ったことを認める事態も発生した。

　上記のように、現時点においても少なくない自治体で、公務員とその家族に取得しない理由を聞くなど重大な権利侵害が進行しており、労働組合が組織されてない自治体などでは事実上の強制となっている。あわせて 2020 年度は新型コロナウイルス感染拡大と特措法に基づく緊急事態宣言のもとで始まった。この混乱の最中で、今年度の新規採用職員がマイナンバーカード取得の要請に応じざるを得ない状況（断りづらい状況）を変えるには至らなかった。新規採用職員にも個人の権利が保障されるよう、総務省及び自治体への取り組みが極めて重要となっている。

4　さらなる推進策をめぐって

⑴　2020 年はさらなる推進の年？

　高市総務大臣は 2020 年 1 月 17 日の記者会見で、「2020 年がマイナンバーカードの普及・利活用等にとって重要な年である」とし、2021 年 3 月からのカードの健康保険証利用とともに、預貯金口座に対するマイナンバーの付番の義務化の実現に向けた検討を関係閣僚と各省庁に具体化を働きかけた。背景には、経済政策としてのデジタル・ガバメントの推進（健康保険証利用に向けた準備など）のみならず、J-LIS（地方公共団体情報システム機構）の発注による 5500 万枚（2020 年 2 月 25 日現在の発行枚数 1965 万枚）に及ぶマイナンバーカードの随意契約が完了するという事情がある。また、2000 億円もの巨費を投入しての「マイナポイント 1 人 5000 円分（上限）」の付与（マイナポイント）事業があることはいうまでもない。

　マイナポイント事業とは、総務省がキャッシュレス決済事業者と連携し、マイナンバーカード保有者を対象にポイント還元を行う事業のことで、2020 年 9 月から 2021 年 3 月末までの 7 ヵ月限定で実施され

（出所：政府広報オンライン）

る事業を指す。当初、この事業の目的は「消費税率引上げに伴う需要平準化策として、東京オリンピック・パラリンピック後の消費を下支えする観点から実施する。あわせて、キャッシュレス決済基盤の構築を図る」とされていた。オリンピックの延期決定以降、国民に十分な説明もないまま「マイナポイントの活用により、消費の活性化、マイナンバーカードの普及促進、官民キャッシュレス決済基盤の構築を目的とする事業」に変更されている。

　新型コロナウイルス感染拡大防止に係る休業補償などの雇用対策や、困窮する学生などに対する支援策の徹底が求められるもと、巨額の予算をつぎ込み一部の国民（マイナンバーカード所有者）だけを対象に、上限5000円分のポイントをばらまくこの施策の是非が問われるべきである。

⑵　**新型コロナウイルス危機のもとでも、マイナポイント事業に変更なし**

　内閣府が2018年に実施したカード取得をめぐる意識調査では、過半数が「これからも取得する意思がない」と回答している。個人認証や情報集積のツールと位置付けているマイナンバーカードの普及は、未だ低水準に留まっている。しかも、取得者は高齢者に偏っているという状況に変化はみられない。

　このような状況の打開に向け、2020年3月31日には内閣府が2023年度までを見据えたロードマップ（案）を明らかにした。緊急事態宣言下の5月11日には、政府広報オンライン（HP）をリニューアルし、「ベンリゾクゾク！マイナンバーカード」と銘打ち、マイナポイント5000円がもらえることを「今すぐつくった方が良い理由」の一番に打

ち出してキャンペーンを始めた。

　コロナ危機で、営業自粛に対する補償や雇用対策、学生の就学維持など、国の予算配分に国民の関心が高まるなか、マイナポイントに「2000億円」の予算を充てている。WHO（世界保健機関）が新型コロナウイルス感染の広がりをパンデミックと宣言した以降も政府は、マイナンバーカードの推進を緩めるどころか総務大臣の宣言通り、「コロナ危機」に乗じてさらにギアをあげている。

5　特別定額給付金とマイナンバーカードの普及

　コロナ危機で困窮する住民が一日も早い給付を望むのは当然のことである。そのような状況でも、「特別定額給付金」の申請手続きを混乱させることなく実施するためには、公平かつ平等、確実な給付が行政の果たすべき最大の役割だったはずである。

　しかし政府は、マイナンバーカードを活用してのオンライン申請を推奨し、持つものと持たざる者を区別して給付時期に差を生じさせることを容認したかのようなアナウンスを行った。それにより、緊急事態宣言のもとにもかかわらず、全国の市役所・区役所の窓口にマイナンバーカード電子証明書関係の手続きを求める住民が押し寄せ、「3密」どころか「過密」な状況をつくりだした。

　また、この「過密」は、窓口だけでなく、このような事態になることを想定していなかったJ-LISのサーバーや自治体のシステムをダウンさせる事態につながり、自治体と住民に大混乱を及ぼした。神戸新聞によれば、5月7日、尼崎市役所に住民約300人が訪れ、職員が午後7時まで対応。翌8日朝も約70人が押し掛け、13人分まで処理したところでシステム端末が動かなくなったと報道されている。週明けの11日も開庁前から申請を求める市民らが列をつくったものの、午前の時点でシステム復旧のめどが立たず、混乱状態を招いたとしている。

　まさに、公平性を度外視してマイナンバーカードの普及を煽り、無用な大混乱を招いた総務省と J–LIS、一部の自治体首長の責任は重い。5 月 11 日には、オンライン申請を煽り大混乱の原因をつくった総務省は「特別定額給付金」の郵送での申請を呼びかけはじめ、同 12 日には総務省トップの総務大臣自らが「想定を超える人が一度に自治体の窓口を訪れ混乱している」ことを認めたうえで、混雑の平準化策として、平日の夜間や土日に窓口を開設するよう市区町村に助言するに至った。

　この期に及んでも住民及び職員の感染拡大防止よりも J–LIS の機能維持とマイナンバーカードの普及を優先する大臣の責任が問われなければならない。

6　危機に乗じた普及や強制があってはならない

　新型コロナウイルスの出現は、私たちの働き方や生活の場面に大きな変化を及ぼしている。生活面では危機管理を理由に個人のプライバシーや人権が軽んじられる風潮も垣間見られる。

　基本的人権に関わる個人情報の集積や活用にあたっては、憲法の理念が尊重されなければならない。「コロナ危機」の状況を基準として短絡的に判断するのでなく、落ち着いた情勢のもとでの国民的合意が前提とされるべきである。危機に乗じたマイナンバーカードの安易な普及や強制があってはならない。

4-1　税務の「標準化」「共有化」と自治体の課税権

原田達也

1　課税権の優位性と個人情報

　住民の社会的共同生活の条件であるインフラ施設や公共サービスを維持するためには、財源が必要である。自治体の主要な税源は、地方税である。市町村の場合には、市町村民税（個人分、法人分）と固定資産税の2つで税収の9割弱を占める。

　個人住民税は、当該年度の起する年の1月1日を賦課期日とし、賦課期日に住所を有する個人に課税を行うとされている。市町村に住所を有する個人とは、「住民基本台帳に記録されている者（地方税法294条2項）」とされる。

　一方、「市町村は、当該市町村の住民基本台帳に記録されていない個人が当該市町村内に住所を有する者である場合には、その者を当該市町村の住民登録台帳に記録されている者とみなして、その者に市町村民税を課することができる（法294条3項）」。このことは、住民基本台帳に準じて符番されたマイナンバー（以下、共通番号）とは異なる、市町村での課税権の優位性を意図したものである。なぜなら、住民税は地域住民に行政が担う「行政サービス（社会保障）」を提供する上において自治体の大きな財源であることに由来する。共通番号に登録された住所でなくとも「居するところ」においての課税であり、その個人は「納税義務者」となる。

　各自治体においては、住民基本台帳に記録されていない個人（住登外個人）の管理については、住民登録地との連絡が不可欠であり、その事故防止に注意を払っている。共通番号の運用により、個人番号に記録された住所の自治体との連携はよくなったといわれている。それ

は、住民票における住所の管理は直近の「転入前住所」及び「転出後住所」であったものが、賦課期日における住所地の検索に運用されているからでる。また、作家、芸術家や芸能関係者などは多くの名前（屋号）を有している場合がある。共通番号のデータとして屋号の登録を行うことにより、個人の特定が容易になれば公正な課税業務が行える。

　預金口座情報も共通番号のデータの項目（税分野で利用）として検討されているが、今後の運用拡大については注意しなければならない問題がある。

　また、税情報は個人の資産・所得だけでなく、税務業務に必要な情報を多く含んでいる。例えば、障害者、寡婦（夫）や被扶養者の同居や別居、また、DV被害者の居住地や勤務先など多くの個人情報が含まれている。このような場合、住民税の決定は単に税金を計算する業務ではなく、多くの個人情報を扱い住民税の課税地及び賦課決定を行う業務となる。したがって、税務行政は、自治体と住民の信頼関係がないと成り立たない業務である。

2　税の公平性をめぐって―金融資産課税、ふるさと納税―

　税は誰もが負担を行う国民の義務とされている。そのため、税の仕組みはシンプルで誰でもが分かりやすい仕組みでなければならない。

　しかし近年の税制改正では、金融資産所得、ふるさと納税など、申告の方法で所得金額や税額に変動が生じる場合や配偶者控除などの人的控除において扶養者の所得によって控除額に変動が生じるなど、税の公平性という点で問題がある。金融資産においては、国税と住民税において所得の分類・選択することができ、場合によっては国税の申告では数百万円の所得があっても住民税は非課税の証明が発行される場合もある。ただし、源泉徴収方式により住民税は賦課されるが、公の証明は、「非課税・収入なし」となる。それによって、行政の施策

は「非課税」の判定を受ける。もちろん、扶養控除対象の親族等にもなる。

　また、ふるさと納税では、「ワンストップ特例」を利用した場合と確定申告で控除申告を行った場合では、住民税の納付額に影響が生じるなど納税者が理解しづらい状況もある。

　つぎに、電子媒体を利用した申告の場合は、領収証や源泉徴収票などの添付書類の省略が認められている。申告書の記載が正確であれば問題はないが、もし記載に間違いがあった場合には、所得税と住民税の税法の相違があるため、住民税の計算業務、特に「当初課税（年度の最初の課税決定）業務」に大きな影響が出る。

　当初の課税決定が遅れると、住民の生活に影響を及ぼしかねない。それは、住民の生活に関与する行政政策の多くは地方自治体が窓口となっていることで、国保税（料）、介護保険料、受給者の窓口負担の率、就学助成制度など、その多くが税の情報を基に決定していることによる。

3　税務システムの標準化をめぐって

　オンラインによる税金の申告・納税のシステムには、国税のシステム（e-Tax）と地方税のシステム（eLTax）がある。2019年4月、すべての地方公共団体が参加して共同で運営する組織として地方税共同機構が設立され、eLTaxの運営主体となった。そして、同年10月、eLTaxに地方税共通納税システムが導入された。すでに、国税との連携システムによって、国税庁から所得税確定申告書のデータが自治体に送信され、市町村から国税庁へ扶養是正情報等のデータが送信されている（図Ⅱ-4-1「地方税システムの標準化について」参照）。

　さらに、政令指定都市や中核市が先取りする形で、基幹税務システムの標準化・共有化とクラウド化が図られつつある。総務省自治税務

図Ⅱ-4-1　地方税システムの標準化

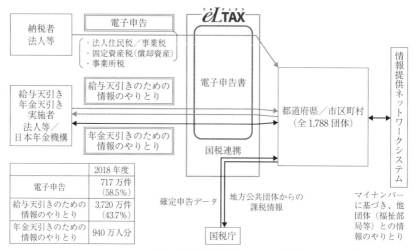

（出所：総務省「地方税システムの標準化について」資料に一部加筆）

局の資料によると、中核市では、岡崎市・豊橋市において税・国保・国民年金の共同利用が始まっており、前橋市・高崎市・伊勢崎市でも住民記録や市民税等の35分野で共同利用が始まる。東京の三鷹市・立川市・日野市でも、住民記録・税・保険・福祉などの市民生活のシステムについて共同利用が検討されている。

　6月に出された第32次地方制度調査会の答申は、「地方行政のデジタル化」について、「社会全体で徹底したデジタル化が進めば、東京一極集中による人口の過度の偏在の緩和や、これによる大規模な自然災害や感染症等のリスクの低減も期待できる」と、デジタル化が地域の抱える問題を解決するかのようにのべ、今後、実施すべき「取組の方向性」を示した。その内容は、①国と地方を通じて、行政手続きのデジタル化をマイナンバーカードの普及と合わせて推進する、②住民基本台帳や税務など基幹システムをはじめとした地方公共団体の情報システムを標準化し、自治体クラウドによる共同利用を推進する、③AI

等のシステムも複数の地方公共団体での共同利用を推進する、④専門
人材の確保や職員の育成を図るために研修を充実し、外部人材による
支援も行う、⑤住民の個人情報を含む公共データのオープン化等によ
るデータ利活用を推進する、というものである。

　「標準化」や「クラウドによる共同利用」では、税務行政も対象と
して挙げられ、住民基本台帳や税務等の基幹系システムは「法令でほ
とんどの事務が定められており、創意工夫の余地が小さい」として、
「個々の地方公共団体でのカスタマイズや共同利用に関する団体間の調
整を原則不要にする」としている。そこでは、国が自治体の情報シス
テムを一律に「標準化」し、自治体は国の定めた「標準」に基づいて
民間企業が開発したシステムを利用することが求められている。「地方
公共団体が合理的な理由がある範囲で、説明責任を果たした上で標準
によらないことも可能とする」とはしているが、自治体が独自の運用
を行うことは例外とされている。また答申は、「機能の高度化、費用の
軽減の観点から、多数の団体による共同利用の必要性が高い」として、
システムを複数の自治体が共同で利用することを求めている。

4　標準化でスマートな税務行政になるか？

　標準化・クラウド化がすすむなかで、このシステム運用で果たして
「スマートな税行政」の運営ができるかどうかが問題となる。

　本来、住民税は地方分権を確実なものにするために大切な制度であ
る。地域住民の生活を守るためにできた地方自治の大きな柱であり、
その運用は、住民が自ら決定する権利をもつ、住民の自治財産権であ
る。地方自治は、職員が窓口対応するなかで、住民に寄り添う行政運営
を実現してきた。民間委託や税務事務所の統廃合は、住民の利便性の
向上に必ずしも繋がるとは思えず、スマート化の内実は「スリム化：
職員を減らし人件費の削減」にあると考えられる。

　AI、IoT など情報システムは政策には不可欠で、税務事務においては複雑化された税計算を素早く行う情報機器ではある。しかし、そのデータが正確かどうかを判断するのは職員であり、来庁して相談するのは生活している住民である。現状を把握し判断する職員の力を伸ばすことが、自治体行政の基本である。

　今後、税務行政においては国税と地方税の業務の一体化という可能性もある。地方税業務では、所得に関する住民税において、共通番号により賦課期日の特定が容易になり、各自治体が賦課徴収を行うのではなく、国税システムにおいて賦課徴収を行い賦課期日における自治体へ交付税方式を運用すれば、各自治体の税務業務の必要性は少なくなっていく。税務の情報が住民に関する行政施策の基準となっているため、自治体業務の全般への影響も考えられる。

　情報データの運用、技術の発展のスピードは目を見張るものがあり、隣接した自治体が一部事務組合等で行っていた業務も府県レベルとなり、県境を越えての共同化、さらには国において統一化されたシステム運用で行われるようになるという現実も目前と思われる。

　特に、税務情報は自治体施策を行う上で行政サービスを提供するための判定基準となる場合が多い。また、税務をはじめとした基幹系システムで構築された情報は、それぞれの自治体が住民の基本的人権を保障するための大切な情報であることは間違いない。そして、その情報により、行政サービスの提供を判断するのも自治体職員である。

　国による基幹系システムの「標準化」や「共同利用」が押しつけられれば、税務行政は広範な「圏域」に統合され、自治体が独自に築いてきた行政サービスに支障を招きかねない。

　国が進める自治体の税務行政を先取りするのが、京都地方税機構である。以下では、その仕組みと実態を通じて、税務行政の標準化と広域化の問題を紹介する。

4-2 「標準化」「共同化」を先取りした京都地方税機構

川俣勝義

はじめに

　京都地方税機構（以下、税機構という）は、山田京都府知事（当時）が提唱・主導し、2009 年 8 月、京都府と府内 25 市町村（京都市を除くすべての自治体）により、徴税業務と課税事務の共同化をめざす日本で初めての広域連合として設立され、2010 年 4 月から本格的な業務が開始された。また、税機構のシステムの共同利用・開発の取り組みは、2009 年度から実施された総務省の「自治体クラウド開発実証」にも選定されている（概要は、総務省「自治体クラウド開発実証調査研究報告書」2011 年 3 月参照）。

　山田知事は、税機構の設立の意義について、「都道府県と市町村の協同によって無駄な行政を省こうという取り組みの一つが税の共同化だ。原理主義的な考え方からすれば、税こそ自治の原点だということになるが、国税も地方税も客体は一緒。所得を捕捉しているのは国税で、それを一年遅れでもらっているのが都道府県税と市町村税だ。固定資産税と不動産取得税も客体は一緒で、徴収の時だけ別々に行っている」「住民の視点から考えたらこれほど無駄なことはない」と述べている（「月刊ガバナンス」2009 年 10 月号、ぎょうせい、22 頁）。山田知事は、他の場面でも度々「住民の視点」を強調しているが、行政側からみた徴収効率優先の発想であり、「住民自治の視点」でないことは明らかである。

1　税機構設立当時の時代背景

　税機構の設立当時を振り返ってみると、住民の暮らしや雇用・営業

は、2008年9月に起こったリーマンショックによるデフレ不況下でいっそう厳しくなっていた。しかも、低所得者や高齢者への課税が強化され、「税金を払いたくても払えない」滞納者が増加していた。また、「三位一体の改革」により自治体の財政危機が深刻化する一方、2007年度から3兆円の税源移譲が行われたもとで、総務省は、2007年3月、「地方税の徴収対策の一層の推進について」を通知し、①民間活用、②広域連携、③電子化などによる自己努力での徴税強化を自治体に「助言」していた。さらに、「財政健全化法」(「地方公共団体の財政の健全化に関する法律」)が2009年4月から施行され、「住民福祉の増進」より「財政健全化」優先の自治体行財政運営が全国に広がっていた。こうしたもとで、全国的にも「滞納整理機構」など徴収業務共同化のための一部事務組合や任意団体が次々と設立され、「納めないのは自己責任」、滞納者＝「悪」のキャンペーンや、住民の負担能力や人権を無視した機械的な差押えなどの動きが広がっていた。

　また、自治体のデジタル化・クラウド化との関連では、政府の「IT戦略本部」(「高度情報通信ネットワーク社会推進戦略本部」)が、リーマンショック後の経済活性化策として2009年4月に「デジタル新時代に向けた新たな戦略(三ヵ年緊急プラン)」、2009年7月には中長期的ビジョンとして「i-Japan戦略2015」を策定し、「電子政府・電子自治体」を重点分野と定め、電子政府・電子自治体クラウド構築を打ち出している。総務省は、2010年4月に「地方公共団体におけるASP・SaaS導入活用ガイドライン」を発表し、北海道、徳島県、佐賀県、大分県・宮崎県とともに京都府を対象とした「自治体クラウド開発実証」として「電子政府・電子自治体の加速」の取り組みを実施している。

1　2004年以降の配偶者特別控除廃止、老齢者控除廃止、公的年金等控除縮減、住民税の同居の妻にかかる均等割非課税制度廃止、住民税老齢者非課税措置の廃止。2007年度から住民税の税率13%・10%・5%の3段階を一律10%にフラット化等。住民税の増税は、国民健康保険料、介護保険料、保育料等の引き上げにも連動する。

2　税機構の仕組みと特徴

⑴　税機構の特徴

　税機構は、全国の「滞納整理機構」と比較しても異例の組織である。その大きな特徴は、①全国にも数少ない府県と市町村による広域連合であること、②対象業務に、徴収業務だけでなく課税事務も含めていること、③徴収業務では、いわゆる大口・困難案件や滞納繰越分だけでなく、現年課税分も含め納期限を過ぎたすべての滞納税を対象としていること（2016 年度実績で移管額 191 億円・収納額 98 億円、年度中の期別移管数 40 万件）、④市町村の希望によるとはしているものの、福祉である国保税（料）の滞納も徴収の対象としていること（設立時点では全25 市町村中 17 市町村、2020 年 4 月現在では 22 市町村が参加）、⑤上記との関連で事務が複雑・膨大になり、組織規模が格段に大きなこと（常勤職員数設立時 186 人、2019 年 4 月現在 227 人）である。

⑵　税機構設立の趣旨

　税機構は、税の共同化の趣旨として、①納税者の利便性の向上、②公平公正な税務行政、③効果的・効率的な執行体制の整備を揚げている。

　しかし、そのねらいは、徹底した徴税強化と人員削減による効率化にある。設立に向けた説明の中では、「断固たる滞納処分の実施」による市町村税の徴収率 98％（2007 年度 93.4％）への引き上げ、業務の効率化として徴税経費の 8 割を占める人件費削減（1100 人の税務関係職員を 800 人程度に）を強調している。なお、納税者の利便性向上の目玉としてコンビニ納税やクレジット納税導入検討が打ち出されたが、コンビニ納税については滞納税のみ、クレジット納税については手数料負担が壁になり事実上断念している。

　また、組織形態としては、一部事務組合や任意組織ではなく全国にもほとんど例のない税に特化した広域連合を選択した。それは、国税

も含めた権限の委任が可能であり、道州制をにらんだ税務の受け皿組
織にもなり得ることがあげられるのではないか。設立に向けた準備段
階で具体的に議論されたわけではないが、山田知事は、2007年4月27
日の定例記者会見で、全国に先駆けて府内の市町村と税の広域連合を
作る意義について問われ、そのやりとりの中で、「(国税については、関
西なら大阪国税局単位で税務行政を行っていることにふれた後) 道州制と
いうものがあった時に税の共同徴収ができましたら、おそらくこれほ
ど大きな効果はないと思います」とも述べている。さらに、広域連合
は一部事務組合と違って複数の事務を実施することができ、構成団体
が合意すれば、国保だけでなく、今後保育料や上下水道料金など様々
な自治体の公共料金徴収の受け皿となることも可能であり、自治体版
歳入庁につながる危険もはらんでいる。

(3)　税機構の組織と業務

①　税機構の組織

　税機構には、広域連合長・副広域連合長 (構成団体の長の中から選出)、
議会 (府議会、各市町村議会の代表により構成)、選挙管理委員会、監査
委員会、公平委員会が置かれ、京都市内に事務所本部 (事務局、催告セ
ンター、申告センター)、京都市内3ヵ所 (府税事務所に併設) と府内6
ヵ所に地方事務所が設置された。2017年度からは自動車関係税申告書
受付センター (府自動車税管理事務所に併設) も設置されている。税機
構の設立により、府内25市町村にあった納税相談の窓口は事実上廃止
されている。

　また、税機構の職員はすべて各自治体からの派遣職員で構成されて
いる (臨時職員除く)。なお、規模の全く違う自治体から派遣されてい
るため職員の賃金・手当・休暇等の労働条件はバラバラで (派遣元の
自治体条例によるため)、同一職場で同一業務を行っていても賃金水準
では最大10万円もの格差があり、職員からは改善要求が出されている

図Ⅱ-4-2-1　京都地方税機構の組織体制

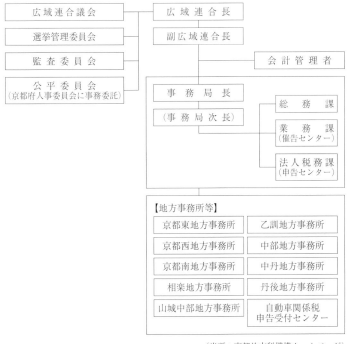

（出所：京都地方税機構ホームページ）

が事実上放置されている。

② 徴収業務

　各自治体から納期限を過ぎた滞納税と国保税（料）はすべて、督促状発布とともに税機構（各所管事務所）に徴収権が移管される。納付がないものについては前段階で催告センター（当初の直営から現在は民間委託へ）から電話督励・文書催告が行われた後、各事務所で納税折衝・滞納整理業務が行われる。なお、税機構では、文書・電話による催告を基本とし、従来各自治体で行われていたような訪問徴収などは原則行わないとしている。

　移管された滞納税等の確実な徴収と徴収率の引き上げが税機構全体

表Ⅱ-4-2-1　京都地方税機構による差押処分の件数推移 （単位：件）

対象財産		2010年度	2011年度	2012年度	2013年度	2014年度	2015年度	2016年度	2017年度	2018年度
不　動　産		381	519	669	469	379	368	392	516	451
動　　　産		87	69	82	110	94	108	118	131	111
債権	預 貯 金	1,519	3,089	4,658	4,727	4,701	4,120	4,496	4,814	4,900
	給　料	169	343	575	536	711	622	700	726	618
	生命保険	259	669	1,216	1,290	1,178	1,174	1,231	1,089	1,191
	そ の 他	336	662	943	829	768	760	721	666	670
	債 権 計	2,283	4,763	7,392	7,382	7,358	6,676	7,148	7,295	7,379
合　計		2,751	5,351	8,143	7,961	7,831	7,152	7,658	7,942	7,941

（出所：各年度の「京都地方税機構業務の取組状況」より作成）

の最大の組織目標とされ、一律ではないが差押件数の個人目標を設定する地方事務所も出てきている。

　設立以来、「積極的な催告や滞納処分」が取り組まれた結果（表Ⅱ-4-2-1差押件数推移）、府内市町村の徴収率は年々上昇し2010年度の93.3％から2018年度には97.8％となっている。

　③　課税事務

　課税の共同化については、課税自主権との関係で慎重な対応を求めるという自治体首長の意見を反映し、設立時の税機構規約には「課税事務の共同化」までは書き込めず、「構成団体が賦課すべき地方税の税額を共同で算定するために必要な電算システムの整備に関する事務」を行うことが規定されるにとどまった。その後、「課税自主権は前提としつつ、課税資料の一括受付と課税データの事務処理の効率化・標準化をめざす」として、電算システム開発を先行することで検討がすすめられ、2012年度から法人関係課税事務の共同化と申告センター（民間委託）の開設、2016年度から軽自動車税課税事務の共同化、2017年度から自動車関係税申告受付センターの開設、2020年度から固定資産税（償却資産）課税事務の共同化が行われている。なお、構想された個人住民税や固定資産税（土地・家屋）、その他税目も含めた課税事務

図Ⅱ-4-2-2

税業務共同化①

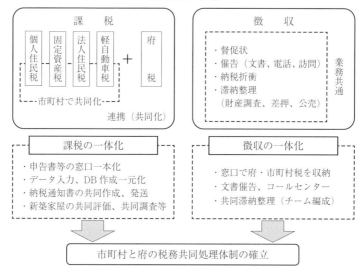

税業務共同化②

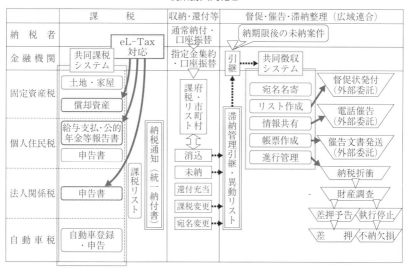

（出所：「京都府における自治体クラウドの取組について」2010年2月23日）

の全面的な共同化については、課税自主権との関係や集約化によるデメリット、コストなどの問題があり、現時点ではワーキンググループの検討は事実上ストップしている。

　課税事務の基本的な流れは、紙ベース・電子申告により受け付けた申告書・届出書等を申告センターで集約し、審査・入力を行い、課税データとして各自治体に提供し、各自治体において提供を受けたデータに基づき調定決議、減免決議等の意思決定を行い、収納管理・還付充当・納税証明等の収納業務を行うこととされている。

3　税機構の問題点

⑴　課税自主権の侵害

　課税自主権は、憲法の定める「地方自治の本旨」にしたがって、各自治体がその「事務を処理する」ために必要な財源を自ら調達する権能であり、地方自治の不可欠の要素、自治権の根幹をなすものである。各自治体は、それぞれに賦課徴収権（課税権と徴収権は表裏一体で本来切り離せるものではない）を持ち、独立・対等の関係にある。各自治体がどのような行政を行うのか、その財政基盤をなす地方税の税目、負担の水準や納め方をどのようにするかは、住民の代表である各自治体の議会が決め、住民が負担を分かち合うことになる。そうした意味で、税務行政は自治の根幹に関わる業務であり、根本問題として、課税権のない税機構のもとで各自治体の税業務を共同化することは、各自治体固有の課税自主権を侵害することになる。

　税機構は、課税についてはあくまで「事務」の共同化であり、「課税自主権は当然の前提」「事務はどこまで共同化しても課税自主権を侵害するものではない」と強弁している。

　しかし、「法人関係税課税事務の概要」では、事務の効率化と標準化が強調され、申告・届出の一括受付にとどまらず、申告指導、調査、

更正・決定処理、課税免除・減免処理、不服申立処理支援など実務の
ほとんどを税機構が行い、各自治体には調定や減免決議、不服申立の
裁決など意思決定の名義と形式のみが残るだけの内容となっている。
これでは、各自治体から税務に関する実務能力が失われ、各自治体が
納税者と直接向き合い税の実務を通じてその声を行政に反映させたり、
自主的に判断したりする能力が事実上奪われることになる。また、事
務の効率化や標準化の名で、各自治体の歴史や努力のなかでつくられ
てきた独自の減免等の制度や納期等が強引に統一されることも起こっ
ている。ある市では、歴史的経過の中で負担の分散化のために独自に
住民税・固定資産税・都市計画税の納期を混合で 10 期としてきたもの
が、課税事務の共同化がはじまる 2012 年度から他の自治体に合わせ法
定どおり 4 期とする条例案が議会に提案され可決された。どのような
納め方をするかも課税自主権の重要な構成要素であり、税機構のシス
テムの都合に合わせて納期を変更したのであれば本末転倒と言わざる
を得ない（税機構は働きかけを否定しているが、各自治体に対し納期の標
準化は望ましいと説明している）。

　なお、徴収においても、自治体により統一されていなかった生活困
窮（執行停止）の判定基準（京都府では生活保護基準の 1.2 倍など）が、税
機構では生活保護基準に標準化され、生活に困難を抱える府民により
厳しいものになっている。

⑵　住民の暮らしを守る自治体の役割の後退

　自治体の税務行政は、自治体の総合行政の重要な窓口機能を担って
いる。滞納者には、「納めたくても納められない」生活上の何らかの困
難（失業、経営不振・倒産、本人や家族の病気、事故、離婚等々）を抱え
ている人もおり、納税のための資力に乏しく、行政による支援を必要
としている人も多い。また、行政施策に不満を持ち、それが税の滞納
につながっている場合もある。本来、住民と直接向き合う税務行政に

は、財源確保のために単に「取り立てる」のではなく、納税者の権利を守り、納税者の暮らしと営業の実態に目を向け、生活保護や生活支援・就業支援、融資・経営支援等など他の行政とも連携して住民の自立を援助し担税力を高めていく役割や、納税者の声を行政に反映することなどを通じて住民自治の向上をはかっていく役割などが求められている。

　税に特化した広域連合である税機構の設立により、自治体の総合行政から税務行政が切り離され、①生活困窮者も分納相談中の案件も、納期限を過ぎれば原則としてすべて税機構に徴収権が移管され、広域化された体制のもとで、機械的な徴税強化により納税者の暮らしと権利を侵害する、②福祉である国保も共同徴収対象とし、給付との関連を意識せず「取り立て」を強化することにより住民の医療を受ける権利を侵害する、③膨大な個人・財産情報が税機構に集積される、④新たな電算システム構築による二重投資、納期限前後で同一自治体の同一税目でも移管元・税機構に権限が別れ新たな二重行政が発生する、⑤議会によるチェック機能の後退がおきるなど、様々な問題が指摘されている。

5 保険・医療行政のデジタル化をめぐって

神田敏史

1 国民健康保険の都道府県単位化と事務の標準化

(1) 国民皆保険の根幹である国保制度

国民健康保険制度（以下、国保制度という）は、国民皆保険制度の根幹をなす、先進国の中でも優れた制度といわれている。

国保制度は、1929年世界大恐慌による地方の医療崩壊を契機に「医療機関を中心とする地域互助組織」として誕生した。法的には、1938年に旧法の国民健康保険法が成立し、第二次大戦中、この組織は戦時体制を支援する強制加入組織となる。1958年成立の新法で市町村に国保の運営が義務づけられ、1961年に公設公営の制度として完成することになる。

2000年の地方分権一括法によって、国保制度は「自治事務」と位置付けられたが、保険給付や保険料賦課方式など、加入者に直接かかわるサービス水準等の内容は、市町村の実情に応じて条例で定めるとされている。

(2) 自治事務ゆえの事務処理の違い

こうした歴史的背景をもつ国保制度は、法令で制度の骨格が定められ国庫負担金等の「縛り」がある。しかし、「自治事務」と位置づけられるがゆえに、住民生活や年齢構成、職業、所得、健康状況や医療提供体制等、地域の実情を踏まえた市町村の行政判断によって、実際の運営は市町村ごとにかなりの違いがある。

例えば、保険料の算定方式や保険料率、医療機関における窓口負担の割合、出産育児一時金や加入者が死亡した際の葬祭費水準などである。さらには、生活困窮者等に対する保険料や医療機関窓口負担の減

免基準の違いが見られるなど、国保制度を運営する地方自治体の考え方がサービス水準等に反映している。そして、事務運営にかかわる処理方法等も地方自治体ごとに異なっている点がある。

(3)　都道府県単位化における事務の標準化

2018 年度の国保制度改革は、財政運営に都道府県が加わるという「都道府県単位化」という改革であった。改革の理由は、公的医療保険制度間の負担を公平にする（財政力のある健康保険組合や共済組合の負担を増やす）ことで国保への公費負担を拡充するとともに、市町村単位で抱えていた高額な医療費負担リスクを広域的に都道府県が担うことで、国保財政の基盤強化を図るというものであった。この「都道府県単位化」の中で、都道府県が「事業運営方針」を作成し、市町村事務処理の標準化を図るという枠組みもできることとなった。

「都道府県単位化」の具体的な内容については、2013 年 12 月 5 日に成立した「持続可能な社会保障制度の確立を図るための改革の推進に関する法律」（以下、プログラム法という）を受けて、2014 年から 2017 年かけた国保基盤強化協議会（国と地方の協議の場）で議論された。この協議と並行して、システムを構築する作業も 2016 年から行われることとなった。

(4)　自治事務と標準化の中で出されたパラメーター運用

「都道府県単位化」による事務処理の標準化は、「事務処理方法の統一化」や「効率的な事務処理方法の確立」により、国保運営における市町村の負担の軽減を図るものである。あわせて、市町村間にある「サービス水準等の差異解消」と「制度改正等に伴うシステム改修コスト削減」をもたらすものとして重視された。

しかし、それまで自治事務として自治体に委ねられてきたサービス等の水準やそのための事務処理の差異を統一化する作業は、法令規定された事項あるいは統一的法令解釈が確立されている事項を除けば、

課題が多い。特に、事務処理方法等の変更によって発生する庁内連携システムの改修や、統一化に携わる職員に負担が生じるなど、市町村からは事務処理の標準化に難色が示されることになる。

　また、制度改革後の国保制度において、住民と直接関係する「資格適用」「保険給付」「保険料賦課徴収」は引き続き市町村が行うとされたことも、事務処理の標準化を難しいものとしている。

　そうしたなか、事務処理標準システムの開発にあたっては、改修コスト削減の点から基本的には「ノンカスタマイズ」としながらも、現に市町村が使用しているシステムで、ベンダー間（日立、富士通、NECなど）で明確な違いがあり、統一化（一本化）が困難と考えられる項目については、可能な限り「パラメーターによる選択」で対応できることとされた。

⑸　国保事務処理標準システムの導入拡大について

　国保制度改革では「国保事務処理標準システム」以外に、「国保事業費納付金算定システム（都道府県による市町村ごとの納付金の決定や標準保険料の算定のためのシステム）」「情報集約システム（資格情報を集約するシステム）」の二つの開発が行われた。この二つのシステムは、制度改革によって実施される「国保事業費納付金」「都道府県単位での資格連携」と直接関わることから、全都道府県において導入された。

　しかし、「国保事務処理標準システム」については、制度改正の2018年度に250市町村余（市町村の15％程度）に留まった。その理由は、既存システムの契約期間の関係や関連する庁内システムとの連携関係、そして既存の事務処理方法との違いがあるといったことがあげられる。

　現在、厚生労働省は社会保障関係情報のクラウド化による運用も含め、国保事務処理標準システムの導入拡大を進めている。デジタル・ガバメント実行計画（2019年12月20日閣議決定）では、地方公共団体の進める社会保障関連デジタル施策の中で「（標準システムの）導入後

の課題を把握し、効率的な業務プロセスや情報システム設計に見直すことにより、導入地方公共団体を広げるための改善策を検討する」と触れられ、2022年度までの導入経費を補助するとされている。

　国保事務処理標準システムはパラメーターによる選択対応を可能としたが、まだ市町村における事務処理方法に適用したものとはなっていない。実行計画の記載にもあるとおり「課題の把握」と「業務プロセスや情報システム設計の見直し」を行いながら、より現場ニーズを踏まえたシステム改修を進めていくことが求められている。

2　後期高齢者医療制度とデータヘルス

⑴　市町村による基本健康診査実施と健診結果の取扱い

　高齢者人口増加に伴う医療費増嵩に対応し、1982年に成立した旧老人保健法では疾病構造が成人病中心に変化してきていることに着目し、40歳以上の者を対象に①健康手帳の交付、②健康教育、③健康相談、④健康診査、⑤機能訓練、⑥訪問指導を市町村において実施することとなった。いわゆる基本健康診査の開始である。

　それまでも、市町村では、住民の健康保持増進に向け、妊産婦、乳幼児、老人等を対象とした各種健康診査・保健指導に加え、家庭の主婦や自営業の女性を対象に貧血・肥満を中心とした健康診断・生活指導を実施してきた。これらの公衆衛生に加え、医療費適正化としての視点から、広く住民を対象に健康診断が実施されることになる。

　この健康診断結果データは本人に返され、その後の保健指導に活用されるとともに、当該市町村の健康増進施策作成の基礎資料として活用されてきたが、これまで個人が特定される形で市町村以外に提供されることはなかった。

⑵　特定健康診査とビッグデータ

　2000年から「21世紀における国民健康づくり運動（健康日本21）」

が開始された。5年後の中間的到達点では、糖尿病有病者・予備群の増加、肥満者の増加（20〜60歳代男性）や野菜摂取量の不足、日常生活での歩数減少など、健康状態及び生活習慣の改善が見られない、もしくは悪化しているという状況であった。

これを受け、政府は①生活習慣病予備群の確実な抽出と保健指導の徹底、②科学的根拠に基づく健診・保健指導、③健診・保健指導の質の更なる向上を掲げ、2008年度施行の「高齢者の医療を確保する法律」において、その具体化を図ることとした。

具体的には、旧老人保健法で実施されてきた市町村による健康診断を廃止し、医療保険者が「特定健康診査」「特定保健指導」を実施するとともに、都道府県が作成する医療費適正化計画策定の基礎資料作成と科学的根拠に基づく質の高い保健指導実施に向け、健診・保健指導結果のデジタルデータとそれと紐付けが可能な診療報酬明細書デジタルデータ（疾病データ）を、社会保険支払報酬基金を通じて政府に蓄積するナショナルデータベース（NDB）の仕組みが創設された。

国民健康保険においても、国民健康保険の加入者に関するデジタルデータを蓄積する国保データベース（KDB）が作られ、市町村に対して分析結果データ等の提供が行われている。

⑶　ビッグデータの活用

当初、NDBにしてもKDBにしてもデジタルデータは個人が識別できないように匿名化処理がされたものが蓄積され、この活用も医療費適正化計画策定と医療保険者（国保の場合は市町村も含む）の行う「特定健診等実施計画」「データヘルス計画」策定や保健指導への活用等に限定されていた。そもそも健診結果は個人の行動変容を促すことや健診に続く保健指導の実施、公費負担請求を目的としたものであり、特定保健指導結果も同様の目的をもって作成されている。また、診療報酬明細書も保険者請求をその目的としており、それ以外の目的での活

用は法で認められたとしても、個人情報保護法制の趣旨も踏まえ極めて限定されたものでなければならない。

　しかし、これらデータは 2011 年以降、公的目的に限定した中で公的試験研究機関等への提供が開始され、2020 年度以降はその提供先に関する範囲の拡大が検討されている。

　NDB、KDB は 2008 年度以降 10 年以上にわたる健診・保健指導結果と診療報酬明細書データが蓄積されたビッグデータベースである。製薬会社をはじめとする健康医療産業や生命保険会社、金融機関、その他、多くの企業が、製品開発、需給予測等のために取得を希望するデータである。

　今後、民間活用に向けたデータ整理等が行われることも考えられているが、健康や医療に関するデータは個人の生活や基本的人権に影響を与える最も守秘義務が求められる個人データである。活用にあたっては、個人情報審査会審議など個人情報関連手続きの明確化と原則本人確認の徹底を図っていくことが求められている。

3　医療保険制度におけるマイナンバーカード活用と普及促進について

⑴　マイナンバーと医療保険制度

　行政手続における特定の個人を識別するための番号の利用等に関する法律（平成 25 年法律第 27 号。以下、マイナンバー法という）によって、医療保険制度でも各種申請手続きにおいてマイナンバー記載が法定化され、法令で定められている申請様式に記載欄が設けられることになった。具体的には、保険証の交付を受けるための資格取得届出書、高額療養費や療養費を受給するための申請などの際、マイナンバーを記載するものであるが、実際には記載がなくても申請後の手続きは行われ、特に不利益が生じることはない。

　しかし、医療保険制度においてマイナンバーを活用した事務処理は既に行われ、事務処理負担軽減等が図られている。国保制度でいえば、他市町村から転入した際の保険料算定や高額療養費等の算定において、前住所地の市町村で保有する所得情報が必要となるが、マイナンバーによる情報連携により情報を収集することができることとなった。これは、市町村だけでなく国民健康保険組合も同様で、定期的に実施される所得調査では、住所地の市町村から所得情報を入手することが可能となっている。これにより、それまで行われていた「所得照会業務」における事務負担は確実に軽減され、事務処理も迅速に行われることとなった。

　また、国保制度改革で開発された「情報集約システム」では、都道府県単位で資格管理が行われ、それにより同一都道府県内の移動に際して高額療養費の多数該当を通算するとともに、資格の空白期間を解消することが可能となったが、これもマイナンバーから生成される個人番号を使うことで可能となっている。

(2)　健康保険法等の一部改正

　医療保険制度の適正かつ効率的な運営を図るための健康保険法等の一部を改正する法律（令和元年法律第9号。以下、改正健保法という）は、医療保険制度におけるマイナンバー活用範囲の拡大と、マイナンバーカード取得促進の環境整備を図るものとなっている（図Ⅱ-5-1参照）。

　具体的には「オンライン資格確認の導入」と「マイナンバーカードの保険証利用」である。「オンライン資格確認の導入」では、「資格喪失後受診」等による医療保険者及び保健医療機関における事務負担の軽減が図られるとともに、以前から検討されている「健診・保健指導結果や診療報酬明細書データ」の保険者間情報連携や保険医療機関閲覧が可能となる環境が整備されることとなる。

　「マイナンバーカードの保険証利用」については、医療保険者の保

図Ⅱ-5-1　医療保険におけるオンライン資格確認のしくみ

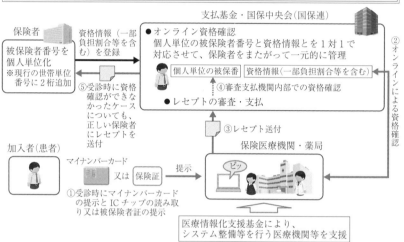

①失効保険証の利用による過誤請求や保険者の未収金が大幅に減少
②高額療養費の限度額適用認定証※の発行を求める必要がなくなる
　　　　　　　　　　　　　　※窓口での負担の上限額が分かる証。保険者が発行

（出所：厚生労働省資料）

険証作成・発送の負担軽減、保険医療機関において保険証番号の転記ミスを少なくする、あるいは高額療養費の限度額情報を速やかに入手できるという事務負担軽減効果はある。しかし、マイナンバーカードを利用できる保険医療機関は、診療報酬オンライン請求の実施機関に限定されている。現状では歯科や病床を持たない診療所等においては、オンライン請求は実施されていない。これらの理由から、直ちにマイナンバーカードが保険証に代わることは困難で、医療保険者の負担軽減がすぐに図られるわけではない。

　なお、「資格喪失後受診」等の負担軽減は、オンライン資格確認の仕組みのなかで医療保険者側が正確な資格情報を中間サーバーに連携する「副本」を作成する際に、事実発生（就業や離職に伴う資格の取得・

喪失）後に速やかに行うことで実現するものであって、「マイナンバーカードの保険証利用」で実現するものではない。

　今回実施されるオンライン資格確認を通じ、保険医療機関からの請求先の誤りは、審査機関である社会保険診療報酬基金や国民健康保険団体連合会において、医療保険者データに基づいて請求先変更ができる仕組みが作られることから、「マイナンバーカードの保険証利用」の医療保険制度におけるメリットは多くはないと思われる。

⑶　マイナンバーカード普及促進の動きと課題

　「マイナンバーカードの保険証利用」は、マイナンバーカード取得のメリットとしてあげられている。総務省は、様々な媒体で宣伝を強めるとともに、国家公務員共済組合や地方公務員共済組合の固有事務に普及業務を位置づけ、共済財政を活用して共済組合員の個人情報を活用したマイナンバーカード申請書を作成、申請用封筒同封による申請勧奨を行っている。国民健康保険や後期高齢者医療制度においても、2020 年度中に同様の取組みを行うことが検討されている。

　マイナンバーカードの普及促進は、それ以外にも 5000 円プレミアム商品券や新型コロナウイルス感染症拡大予防対策に伴う生活保障としての 10 万円給付金交付などで、マイナンバーカード取得者は優遇する措置をとるなど、金銭面でのインセンティブ付与により、あらゆる機会を通じ進められている。

　マイナンバーカード普及の環境整備として、改正健保法に基づき政府は 2019 年度予算として社会保険支払報酬基金に設置された医療情報化支援基金に対し 300 億円を支出した。これは、保険医療機関におけるマイナンバーカード読取機設置費用のほか、オンライン請求につながる電子カルテ整備費として使われることになっている。

　しかし、政府、地方自治体において個人情報流出事故・事件が多数発生し、その危惧から国民の間でマイナンバーカード取得は進んでいな

いのが実態である。またマイナンバーカードを取得しても、保険証として活用するためには、マイナンバーカードの電子証明書機能と保険証番号を紐付ける作業が必要で、それも5年ごとに更新が必要とされている。こうしたマイナンバーカード活用の課題をどう解決していくのか。利用者である国民に玉虫色ではない情報を提供するなかで、その普及を考えることが求められる。

4　社会保障分野におけるデジタル化について

⑴　行動変容をもたらすビッグデータ分析

　NDB や KDB のデジタルデータの活用は、医療保険制度における「データヘルス計画」において行われているが、データの科学的分析と対象となる加入者状況の把握によって、特定健康診査受診率や特定保健指導実施率の向上が図られ、さらには保健指導の結果、行動変容によって生活習慣病が改善されるなど、効果は着実にあがっている。

　これまでのマンパワーだけでは相当の時間を必要とした分析作業等が効率化され、少ない職員数でも多数の対象に対して、優先順位を決めた効果的効率的な指導が実施できるようになっている。

　医療保険制度におけるビッグデータ分析は、様々で多様な人間の健康状態を把握しその状況を生み出した生活習慣等を明らかにし類型化することで、健康維持増進に向けた行動変容の必要性を、根拠のある情報として提供することができる。また、医療資源の効率的効果的な活用にも役立てることができる。

　しかし、そのためには、蓄積分析やデータ提供等が、医療や保健サービスの充実を目的に実施される必要がある。その目的が、「行政コスト削減」「民間活力の導入」「健康医療産業の育成」になった場合、保健師数削減から地域における保健事業が後退してきているように、社会保障制度の後退となる危険性がある。

社会保障において、何のためにビッグデータが活用されるのか注視していくことが重要である。

⑵　ビッグデータ分析の課題―基本的人権の尊重―

しかし、分析の対象とする住民や医療保険の加入者の生活習慣や生活環境は多種多様であり、ビッグデータ分析もそうした個々のおかれている状況・条件を緻密に類型化するために行われるものであるが、しかし、そこで蓄積されるものは過去の事実の集積であって、誤った結論を導く可能性もある。個人の多様性・個別性、基本的人権をどう尊重していくのか。分析結果の活用には慎重な対応が必要となる。

そのためには、住民や医療保険加入者に直接接し、個人状況の把握を同時に行う必要がある。健康増進にむけた行動変容をもたらす働きかけも、単にビッグデータ分析の結果もたらされるものではなく、そこに人間による状況把握と意思疎通があって実現できるものである。

AI を活用した保健指導も具体化されてきているが、AI もビッグデータにより類型化された事例を踏まえた対応が基本であり、新たなものを生み出すことも可能だが、限界はおのずとあると思われる。

⑶　個人情報保護の徹底

改正健保法に基づき、これまでの医療・健診等の結果を蓄積してきた NDB や KDB に介護保険データも蓄積されるようになった。今後、障害者自立支援サービスデータも NDB や KDB に統合されることも検討されており、健康、医療、介護、障害者サービスといった社会保障制度にかかわる全てのデータがデジタルビッグデータとして政府や都道府県等に蓄積されることになる。

あわせて、「オンライン資格確認」とも連携して、NDB や KDB 等の蓄積対象となっている健診・保健指導結果データや診療報酬明細書データといった個人データを、マイナポータルで確認することが可能となるとともに、保険医療機関もそうした情報に接することができる

ようになる。

　社会保障制度では、マイナンバーによる個人認証をキーに、個人情報の収集分析と利活用が拡大していくことが想定されるが、そうした個人情報の取扱いを住民が理解し、合意のもとで行われているか疑問の残るところである。

　情報システム開発にあたり、市町村は PIA（Privacy Impact Assessment）実施が義務づけられ、情報提供者である住民のプライバシーへの影響を事前評価し、システム構築運用を行うとされている。しかし、この PIA について、実際はシステム開発事業者からの提案をそのまま了解する市町村も多く見られるところである。

　背景には、情報システム開発に関する知識や経験をもつ職員を育成していないことがある。住民の個人情報を守るのは自治体の役割であり、専門職の育成と PIA を住民に公開を進めていくことが求められている。

6　AI・デジタル化と公務の現場

久保貴裕

1　手続きの窓口に、自治体職員は不要か？

⑴　職員を半減するために、窓口業務の無人化を推進

　自治体の業務で、真っ先に AI の導入やデジタル化の対象にされて
いるのが窓口業務である。国は「住民にとって、窓口に来ることは負
担」「窓口に来なくても所期の目的を実現できないか、常に考える」
という原則を打ち出し、「人が介在しなくても完結するサービス」を
めざすとして、「これまで手続き中心であった窓口の機能を、極力オン
ライン化することにより、人でしか対応できない相談業務等を中心に
した窓口に変えて」いくとする考え方を打ち出している。全国の自治
体で導入を一気に進めるために、国が主導して各種手続き業務の様式
を「標準化」するとともに、複数の自治体による同一システムの「共
同利用」を推進するとしている。[1]新型コロナ感染の拡大を防止するた
めに、郵送やオンラインでの申請を促進する緊急対策が行われている
のを「好機」として、デジタル化を一気に推進しようとする動きもあ
る。

　国の方針通りに AI・デジタル化が進めば、住民は、①役所への各種
申請や届出は自前のスマートフォンかパソコンを使ってオンラインで
行う。オンライン申請するにはマイナンバーカードを取得することが
必須条件である。②役所に問い合わせたいことがあれば、ホームペー
ジにアクセスしてメールで問い合わせ、AI に回答をしてもらう。③オ

1　地方自治体への AI 導入やデジタル化について国や政府関係者の示す考え方については、総務省「スマート自治体研究会報告書」および概要（2019 年 5 月）、第 32 次地方制度調査会専門小委員会「総括的な論点整理」（2020 年 4 月 7 日、24 頁以下）、植田昌也「Society 5.0 時代を見据えた自治体行政について」月刊『地方自治』2019 年 11 月号（第 864 号）などをもとに記述した。

ンライン申請や AI の回答では解決せず、どうしても自治体職員（以下、
職員）に直接会って相談をしたい場合は、役所の相談専用の窓口にオ
ンラインで申し込む、ということになる。手続きや問い合わせに対応
する業務を皮切りに窓口業務の無人化を推進する国の方針は、AI やロ
ボティクスを活用して職員を半減化させる「自治体戦略 2040 構想」に
基づいたものである。国の方針通りに AI の導入やデジタル化が進め
ば、窓口業務はどう変わるのか？

　本稿では、自治体における公務労働の役割をもとに、以下この課題
について検討する。

(2)　住民の基本的人権を守るために、最善の行政サービスにつなぐ

　自治体の窓口業務は、住民の出生から死亡まで人生や生活の重要な
場面において、憲法に基づく基本的人権を保障するために、住民を最
善の行政サービスにつなぐ役割を担っている。窓口を担当する職員に
は、各種の申請や届出等の受け付け、証明書の発行や各種手当等の給
付、問い合わせや生活相談への対応など様々な業務において、憲法と
それぞれの業務の根拠となる法律や条例、規則等に基づき、適切かつ
迅速に対応することが求められる。

　窓口業務には、住民の個人情報を適切に管理し、犯罪や人権侵害か
ら住民を保護することも求められる。本人になりすました虚偽の申請
を見抜いたり、DV 加害者やヤミ金融業者からの不正な請求から、住
民の安全、権利を守らなければならない。申請者に対して、不審な点
があれば質問し、相手の挙動なども観察しながら虚偽を見抜く能力も
必要とされる。

(3)　手続きの窓口は、生活相談と一体になっている

　窓口で各種の申請を受け付ける手続きの業務や、住民からの問い合
わせに応じる業務は、住民と職員が直接に対話のできる場である。住
民から職員には、各種の申請や届出に付随して様々な問い合わせや相

談が寄せられる。住民の中には、自分や家族の抱えている問題が十分に整理をされないまま問い合わせをする人が少なくない。とりあえず申請や届出をしようと問い合わせた窓口で、まず自分の抱えている問題や家族の状況を話してから要件に入る人もいる。応対する職員は、まず住民の話を聞いて状況を把握し、当人とコミュニケーションを取りながら、該当する制度や手続きの説明を行い、関連する他の窓口や担当部署にもつなぎ、その住民に必要とされる行政サービスが提供されるようにしていく。各種の手続きや問い合わせに対応する業務は、生活相談の業務とも一体になっているのである。

　納税の窓口を担当する職員は、滞納している税金を納めに訪れた住民の生活の状態を聞き取り、減免の要件に該当すると認められる場合には、減免申請ができることを説明したり、生活保護の窓口を紹介して担当部署につなぐことがある。税金のほかに滞納している公共料金がないかを訊ね、国民健康保険料も滞納していることがわかれば、保険証が取り上げられて病院に行けなくなることがないように、国保料をまず支払うように助言して、国保の担当部署につなぐこともある。

　妊娠届を受け付けたり、母子手帳を交付する窓口は、妊産婦や乳幼児の状況を行政が把握する重要な場所になっている。厚生労働省が、子育て世代包括支援センターを設置している市区町村を対象に調査を実施したところ、87.8％の市区町村が「妊娠の届出・母子手帳の交付時の面談」を、「妊産婦・乳幼児等の継続的な状況の把握のために十分に活用している」と答えている。[2]妊娠届出書に独自のアンケートを設けている自治体も多い。「妊娠して今の気持ちはいかがですか？」「出産する医療機関は決まっていますか？」「妊娠中から産後にかけて援助してくれる人はいますか？」「経済的な不安はありますか？」などアンケートの設問項目ごとに、職員が届出に訪れた妊婦から聞き取り、

2　厚生労働省「子育て世代包括支援センター業務ガイドライン」2017年8月、3頁

当人のおかれている状況を把握する[3]。妊婦の中には、一人暮らしで経済的な困難を抱えていたり、夫から DV の被害を受けている人がいる。出産しても誰からの支援も受けられずに孤立化し、ストレスや悩みから児童虐待を引き起こしてしまうおそれのある人もいる。職員は窓口に訪れた妊婦と丁寧な面談を行い、生活難や DV の問題を抱えていないか、将来、児童虐待を引き起こしてしまう可能性がないかを、専門的な知見も活かして早期に発見し、当人に必要とされる支援策を紹介して、利用を働きかけているのである。

⑷　相談を待つのでなく、窓口から手を差し伸べる

　公共料金を取り扱うすべての窓口業務を、生活困窮者を発見して必要な支援につなげる業務に結びつけている自治体もある。野洲市（滋賀県）は、納税推進室（県市民税、国民健康保険税、固定資産税、軽自動車税）、保険年金課（後期高齢者医療保険料）、高齢福祉課（介護保険料）、住宅課（市営住宅家賃）、上下水道課（上下水道料）、学校教育課（給食費）の窓口で、住民の生活情報を共有化して生活を支援する体制を取っている。それぞれの窓口では、公共料金を滞納している住民に「借金はありませんか？」と丁寧に聞き取り、借金が判明すれば生活相談を専門に担当する市民生活相談課につなぎ、法律家も紹介して債務整理の支援を行っている[4]。住民から相談を持ちかけて来るのを待つのではなく、行政の側から生活困窮者を早期に発見して支援につなぐ方式を導入することにより、事態が深刻化してから寄せられる多重債務の相談件数が年々減少しているという。野洲市の担当職員は「生活困窮者には、自ら解決策を見出すことが難しくなっているばかりか、自らSOS を発することも難しくなっている方々も多い」とし、窓口業務には、対象者が行政にアクセスすることを受け身で待つのではなく、対

3　アンケートの設問は、筆者の住居地である堺市の妊娠届出書から引用した。
4　生水裕美「野洲市生活困窮者支援事業―おせっかいでつながりあう仕組み」『自治実務セミナー』2016年4月号、第一法規出版、22頁参照。

象者を発見して積極的に支援の手を差し伸べる「アウトリーチ」の役割を果たすことが必要だとのべている[5]。

　役所に相談専用の窓口を設けても、生活に困難を抱える住民が自分の相談したい内容を正しく理解し、役所に進んで相談を持ちかけることは容易ではない。しかし、日頃から住民と接する機会の多い窓口業務を担当する職員なら、住民からのSOS信号を感じ取り、問題解決の方法をアドバイスして生活再建への支援策につなぐことができる。手続きの業務を担当する窓口は、住民の抱えている問題を「発見」し、住民を生活相談専用の窓口や各種支援策の利用へと「誘導」する役割も担っているのである。

　職員にとっても、各種の手続きや問い合わせに対応する窓口業務は、行政サービスの仕事を担うのに必要な専門性やノウハウを身につける重要な場所になっている。職員は、窓口で住民と直接やり取りをする経験を積み重ねることで、住民のくらしの実態や要求、ニーズをじかに把握することができ、住民本位の政策を立案して実施する能力や感性を身につけられるようになるのである。

　以上の事例に示したように、窓口における手続の業務は、「人（職員）が介在しなければならない業務」であり、AIやデジタルで無人化ができる自動販売機のような業務ではない。「申請・届出などの手続き」から「問い合わせへの対応」、「生活相談」まで一連の業務が職員の連携とチームワークによって密接に結びついているのである。窓口の業務を切り分け、「手続き」や「問い合わせ対応」の業務をAIやオンラインに一本化して「人（職員）が介在しなくても完結するサービス」にすると、行政は住民の生活実態を把握するのが困難になり、住民に必要な行政サービスが提供できなくなるおそれがある。

　5　本後健「『生活困窮者支援制度』をどう活用するか」『自治実務セミナー』2016年4月号、第一法規出版、8頁参照。

2　住民と AI のやりとりだけで完結させてよいか？

⑴　質問の趣旨を、AI が理解していない

　住民から役所への問い合わせに AI チャットボットが自動応答で対応するシステムが各地の自治体で導入されている。筆者がヒアリングを行った豊橋市（愛知県）は、2019 年 10 月より AI のチャットボット方式による自動問い合わせサービスを本格的に実施している。豊橋市のホームページからアクセスできる AI「しつぎおうとうふくん」に、手続きや制度について問い合わせると、職員の替わりに AI が回答をしてくれる。筆者が試しに豊橋市のホームページから問い合わせたところ、下記のようなやり取りになった。

　（問）は筆者。（答）は AI「しつぎおうとうふくん」

（問 1）　国民健康保険料と市民税と水道料金の 3 つを滞納しているのですが、生活に困って全部を一度に支払えなくて困った場合、どれを優先して支払ったらいいのでしょうか？
（答 1）　市民税のお問合せは、こちらの窓口（ホームページ）に問い合わせてください。
（問 2）　マイナンバーカードは、どうしても取得しなければなりませんか？　取得しなければ不利なことでもあるのですか？
（答 2）　マイナンバーカードの紛失については、こちらの窓口（ホームページ）に問い合わせてください。
（問 3）　豊橋市にこれからも住み続けようか、他の市へ引っ越ししようか、悩んでいるのですが…。
（答 3）　引っ越しの相談なら、こちらの窓口（ホームページ）に問い合わせてください。
（問 4）　しつぎおうとうふくんは、市民の声を聞いて、市民の暮らしがわかるようになりましたか？
（答 4）　お答えできず、申し訳ありません。

　（問 1）（問 2）は、実際に窓口で住民から問い合わせのある事例である。（答 1）は問の「市民税」というキーワードに機械的に反応したものと思われる。（問 2）は、住民の人権に関わる質問であるが、回答は質問の趣旨を理解していない。（問 3）（問 4）は筆者が AI チャットボットの性能を確かめるために発した質問であるが、（問 3）は設問の趣旨を理解せず、（問 4）は、質問者とのコミュニケーションが図れていない。

　豊橋市の説明では、「本市の AI チャットボットはルールベースによる AI 活用を実施しており、ディープランニング（深層学習）技術は使用せず、処理の高度化機能はない」「問い合わせに対する回答は市ホームページへのリンク掲示などにより、そちらを確認して頂くことで、より詳細の回答を提供することとしている」「質問に対して回答がずれているなど課題はあるが、誤った回答はしていないと思う。今後、言葉の揺らぎを正しく解読するように改善したい」「補助金や手当、申請時に必要な書類等、個別固有の状況により判断が必要なものは、ホームページによる一般的な回答を確認して頂き、あとは電話で窓口にお問合せして頂く回答を用意している」としている。[6]

　豊橋市の AI チャットボットは、住民と AI だけで完結させるのでなく、問い合わせをした住民がその後、職員に直接アクセスして対話ができるようにしている。しかし、AI チャットボットが要領を得ない回答を繰り返せば、住民は必要な行政サービスにアクセスすることができなくなることもありうる。システムの運用状況を検証し、問題があれば改善を図ることが必要であろう。

⑵　ディープランニングで、ブラックボックス化する懸念が

　住民からの問い合わせに、AI チャットボットが十分に回答できな

6　AI チャットボット「しつぎおうとうふくん」は豊橋市のホームページ（https://www.city.toyohashi.lg.jp/）を参照。豊橋市担当者の説明は、自治労連・地方自治問題研究機構が 2020 年 2 月に行ったヒアリングをもとに記述した。

いのであれば、ディープランニングの技術を導入してAIの回答能力を高めればよいのであろうか。問い合わせの内容が複雑で、行政として裁量を伴う判断が求められる事項でも、職員を介在させることなく、住民とAIとのやり取りだけで完結させてよいのであろうか。

　筆者がヒアリングを行った川崎市は、AIチャットボットの実証実験を行って検討した結果、「ディープランニングの技術は、高精度な判断と処理結果が期待できる反面、複雑なアルゴリズムであればあるほど、ブラックボックス化する懸念もあり、その修正手法など不明確な部分がある」「自治体業務の制度変更をはじめ運用手法などが大きく変わる場合のメンテナンスや、市民に対して誤った情報や誤認識による判断を繰り返してしまった場合のリカバリーが困難になることが予想される」ことを課題として取り上げている。市の職員からも「AIだけのやりとりで完結してしまうのは怖い部分がある。最終的には該当部署や担当者へつながる仕組み（エスカレーションできる仕組み）であるとよい」という意見が出ている。[7] AIの機能が高度化するほどブラックボックス化が進み、職員の検証が困難になるのであれば、AIが住民に回答をした内容に自治体は責任を持つことができなくなる。

3　AIを導入した業務から、職員は撤退してよいか？
—保育所入所マッチング業務から考える—

　職員の負担軽減と業務の効率化を図るために各分野でAIが導入されている。その特徴的な事例の一つとされている保育所入所のマッチング業務について、筆者がヒアリングを行ったさいたま市の事例をもとに検討する。

7　自治労連・地方自治問題研究機構が2019年6月に行った川崎市のヒアリングをもとに記述した。川崎市総務企画局情報管理部ICT推進課「AI（人工知能）を活用した問い合わせ支援サービス実証実験　実施結果報告書」（2017年3月）を参照。

⑴　AI を導入しても、職員は配置する

　さいたま市は保育所の利用調整にあたり、申請者の入所希望の優先順位や兄弟同時入所希望等について、過去に行ってきた割り当てルールを学習した AI が組み合わせを点数化して、得点の高い組み合わせを瞬時に出すシステムを導入し、実証実験を行った。これまで約 30 人の職員が休日を返上して、3 日間でのべ約 1500 時間、職員 1 人当たり平均 50 時間かかっていた業務をわずか数秒で行い、結果は、職員が行ったものと 93% が一致したという。AI の活用で職員の半減化をめざす国の考え方に基づけば、職員を業務から撤退させて、全面的に AI に置き換えてもよさそうな業務である。しかし、さいたま市は、AI を導入しても担当する職員は引き続き配置し、AI は職員の過密な労働負担を軽減することを目的に活用するとしている。

⑵　AI だけで完結すれば、職員と市民のつながりが失われる

　さいたま市の担当者は「AI を導入しても職員が行っていた業務の質を超えるものではない。職員の行ってきた業務を 100 点とすれば、AI でどれだけそこに近づけるかが課題だ。入所結果についての保護者への説明など、AI だけでは完結しない業務はやはり職員が行わなければならない」「マッチング業務を担当してきた職員は、子どもの名前を見ただけでその家庭の状況がわかるようになっている。マッチング業務が現場から離れた AI だけで完結してしまっては、それまで（職員が）業務を通じて培ってきた地域・保護者・子育てをめぐる知識やノウハウ、市民とのつながりを失うことになりかねない」として、職員によるマッチング業務の体制は残し、AI と付き合わせた検証は行うとしている。[8]

　職員の労働負担を軽減し、職員が保育行政に専念できるようにするための AI 活用方法として、全国の自治体にとっても参考になる事例

8　自治労連・地方自治問題研究機構が 2019 年 8 月に行ったさいたま市のヒアリングをもとに記述した。

であろう。さいたま市では、保育所入所マッチング業務に AI を本格的に導入した 2020 年 1 月、不幸にもシステムがトラブルを起こしてしまった。職員は休日返上で対応に追われたが、マッチング業務に携わる職員を配置していたことにより、トラブルに対応ができ、保護者に被害は及ばなかった。[9] もしも職員が撤退していたら、業務に重大な支障が生じたであろう。

4 AI・デジタルは、公務労働の質を高める手段として活用すべき

以上の検討を踏まえ、筆者は、自治体において、AI の導入やデジタル化を検討するに当たっては、現時点において少なくとも次のことが必要であると考える。

第一に、AI やデジタル化の技術は、職員を削減してこれに置き換えるための「代替手段」として導入するのでなく、職員が憲法第 15 条 2 項に基づく「全体の奉仕者」として従事する公務労働の質を高めるための「補助手段」として活用することである。窓口業務で手続きの業務をオンライン化する場合であっても、すべてをオンライン申請等に一本化するのでなく、業務を担当する職員は引き続き配置し、申請や届出の手続きでも、住民と職員が直接対話のできる体制を確保しなければならない。

第二に、職員は AI が行った判断やデジタル化による処理の内容について、自ら検証ができ、住民に行政責任を果たすことのできる体制を確保することである。職員の裁量による判断が必要とされる事項について、AI と住民とのやりとりだけで完結させるようなことはあってはならない。また、AI やデジタルのシステムが災害やトラブルなどによって機能しなくなった場合には、職員が即時に対応できる体制も確保しなければならない。

---

9 「毎日新聞」2020 年 2 月 5 日

　第三に、国による事務手続など様式の「標準化」や、複数の自治体で同一のシステムを利用する「共同化」の押し付けを許さず、自治体独自の行政サービスを守ることである。必要な場合はカスタマイズなどで独自の運用を確保するべきである。また、システムの開発や変更、メンテナンスについて、すべてを国や民間企業まかせにするのでなく、自治体が自らチェックできるように、管理・関与できる体制が確保されなければならない。

　自治体の行政サービスは、医療、福祉、教育はもとより、窓口業務も含めて、人間（住民）を相手とする「対人サービス労働」を本質とする公務労働によって提供されている。公務労働を担う職員は、住民とのコミュニケーション関係を媒体に、要求やニーズを把握して応答し、憲法に基づいて必要とされる行政サービスを提供することを通じて、要求やニーズを充足させる役割を担っている。[10] AIやデジタルの技術は、職員の労働負担の軽減や業務の効率化には有効であるが、公務労働を担う職員をこれに置き換えることはできない。AIやデジタルの技術を、職員を削減するための手段として利用するのであれば、行政サービスを提供する公務労働が失われることになり、「住民の福祉の増進を図る」（地方自治法第1条の2）という自治体の役割そのものを放棄することにもつながる。

10　二宮厚美「憲法民主主義のもとでの新たな地方自治像と公務労働像」『民主的自治体労働者論』2019年8月、大月書店、251頁参照。

〈編著者〉

白藤　博行 （しらふじ　ひろゆき）　　（第Ⅰ部－1）
　専修大学法学部教授　　　　　　専門分野：公法学

〈著　者〉

稲葉　一将 （いなば　かずまさ）　　（第Ⅰ部－2）
　名古屋大学大学院法学研究科教授　　専門分野：公法学

吉川　貴夫 （よしかわ　たかお）　　（第Ⅱ部－1）
　特別区職員労働組合連合会執行委員長

神部　栄一 （かんべ　えいいち）　　（第Ⅱ部－2）
　東京自治問題研究所

佐賀　達也 （さが　たつや）　　（第Ⅱ部－3）
　日本自治体労働組合総連合中央執行委員

原田　達也 （はらだ　たつや）　　（第Ⅱ部－4－1）
　日本自治体労働組合総連合税務部会部会長

川俣　勝義 （かわまた　かつよし）　　（第Ⅱ部－4－2）
　京都自治体労働組合総連合副委員長

神田　敏史 （かんだ　としふみ）　　（第Ⅱ部－5）
　神奈川県職員労働組合総連合執行委員長

久保　貴裕 （くぼ　たかひろ）　　（第Ⅱ部—6）
　自治労連・地方自治問題研究機構主任研究員

デジタル化でどうなる暮らしと地方自治

2020 年 8 月 31 日　　初版第 1 刷発行

　　　　　　　　　編　者　白藤博行・自治体問題研究所

　　　　　　　　　発行者　長平　弘

　　　　　　　　　発行所　㈱自治体研究社
　　　　　　　　　　　　　〒162-8512
　　　　　　　　　　　　　東京都新宿区矢来町 123 矢来ビル 4 F
　　　　　　　　　　　　　TEL：03・3235・5941／FAX：03・3235・5933
　　　　　　　　　　　　　http://www.jichiken.jp/　E-Mail：info@jichiken.jp

ISBN978-4-88037-714-8 C0031　　　　　　DTP：赤塚　修
　　　　　　　　　　　　　　　　　デザイン：アルファ・デザイン
　　　　　　　　　　　　　　　印刷・製本：中央精版印刷㈱